Lübben im Spreewald

Bettina Bauch

&

Eckhard Schmittner

Impressum

© 2018, Bettina Bauch & Eckhard Schmittner

Titel: Lübben im Spreewald

Alle Rechte vorbehalten.

Coverbild: Bettina Bauch

Covergestaltung: Eckhard Schmittner

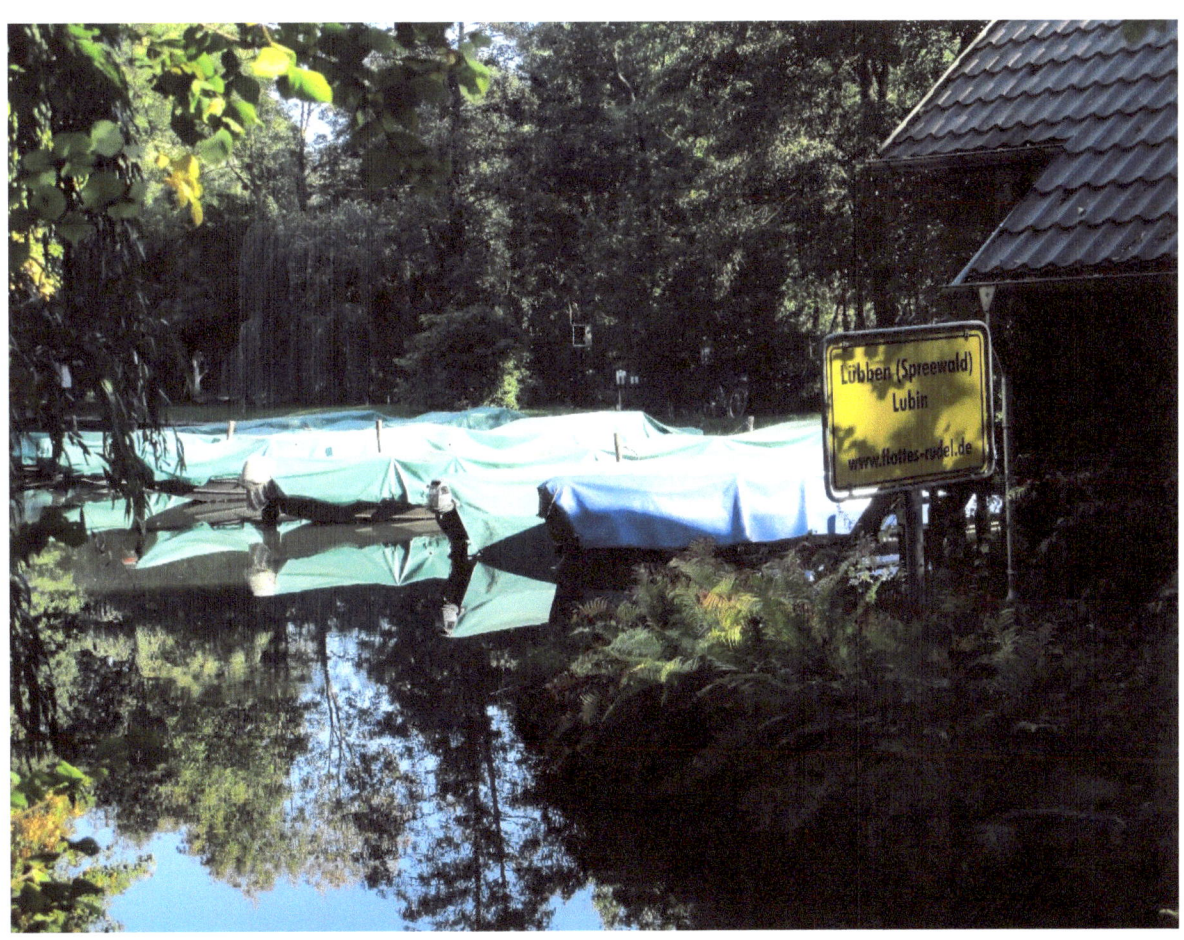
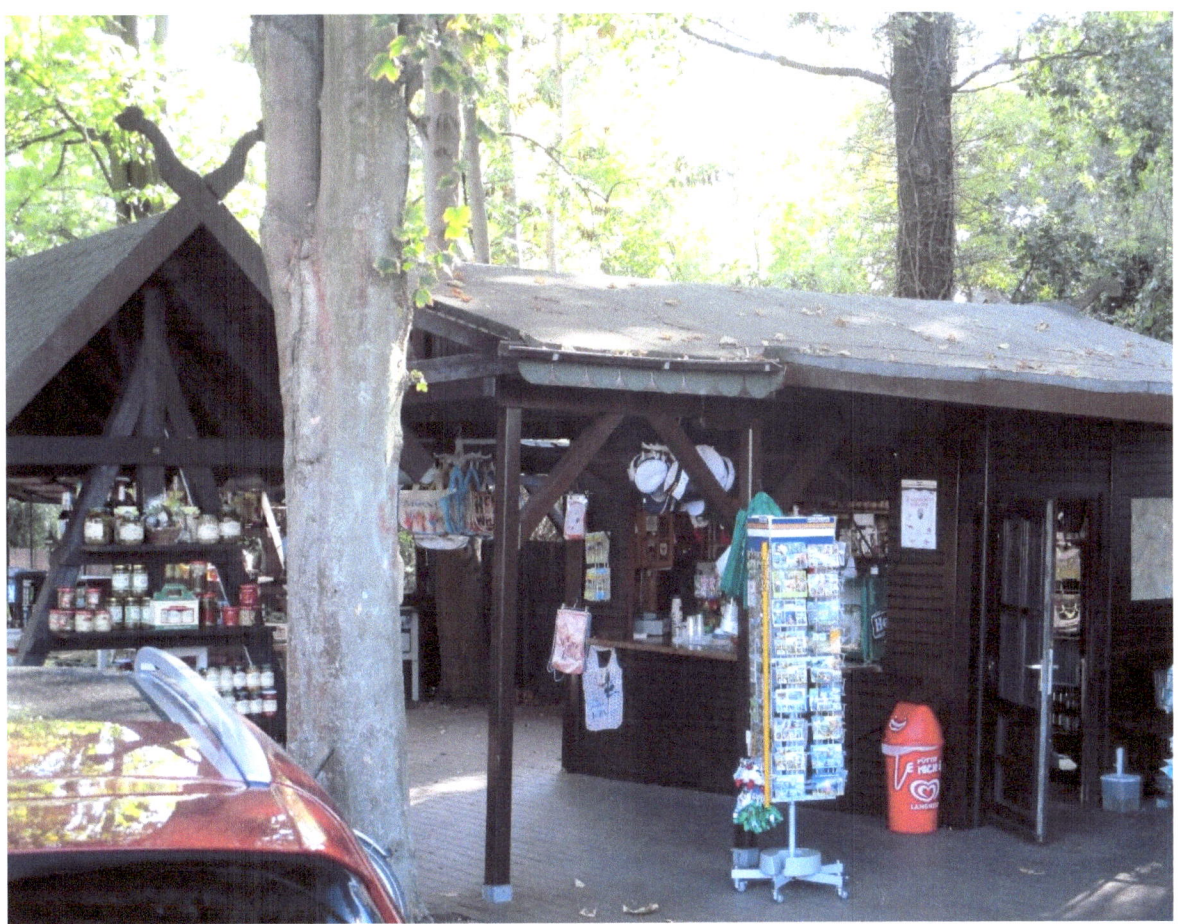

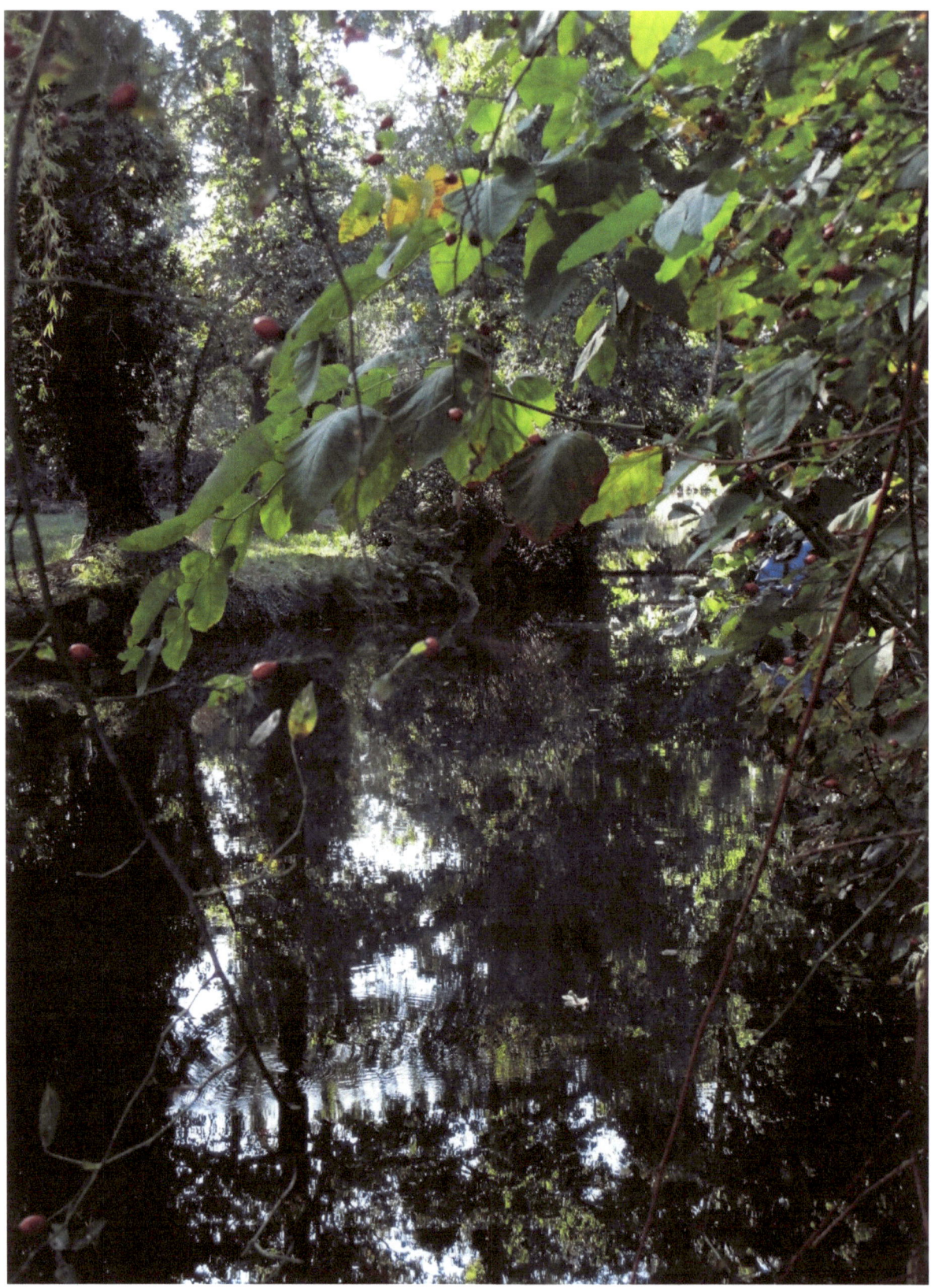

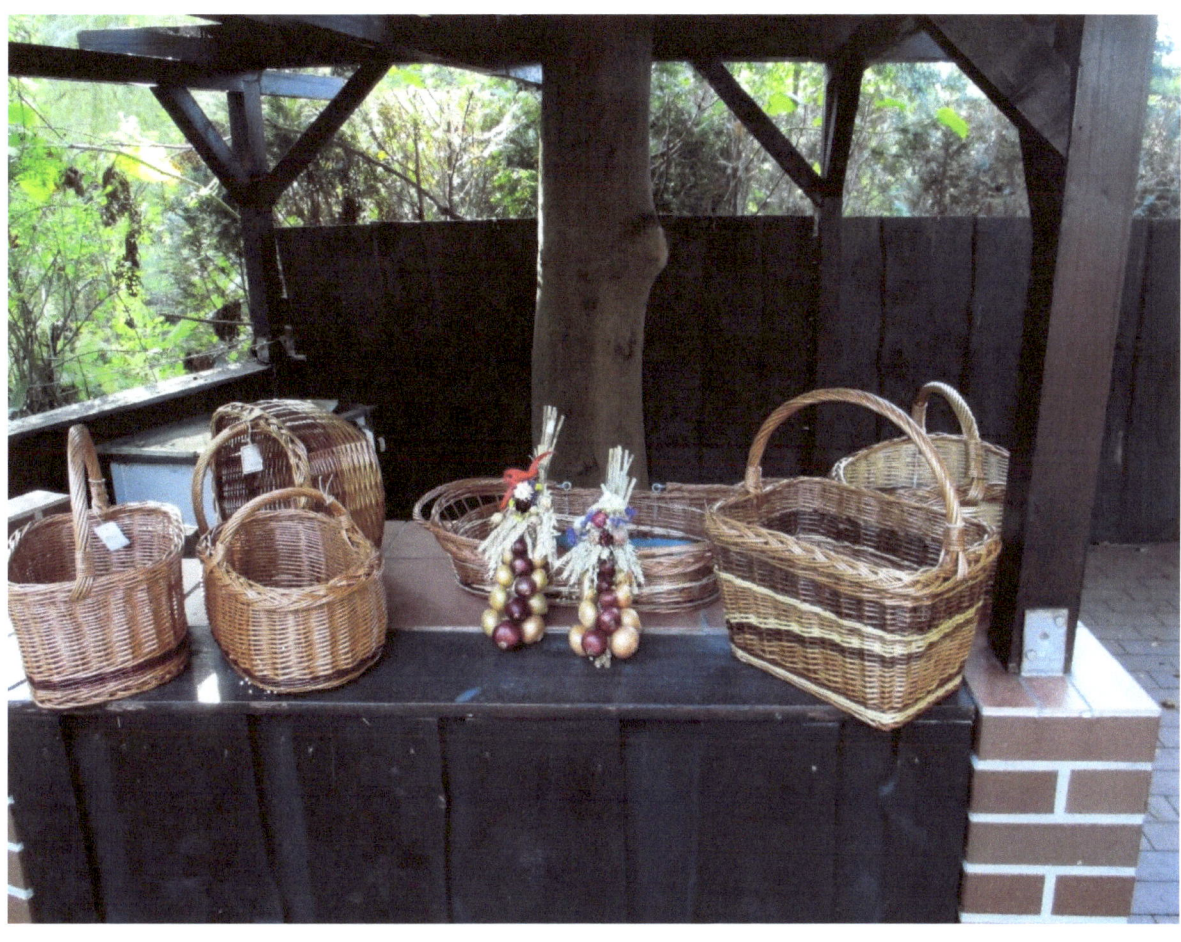
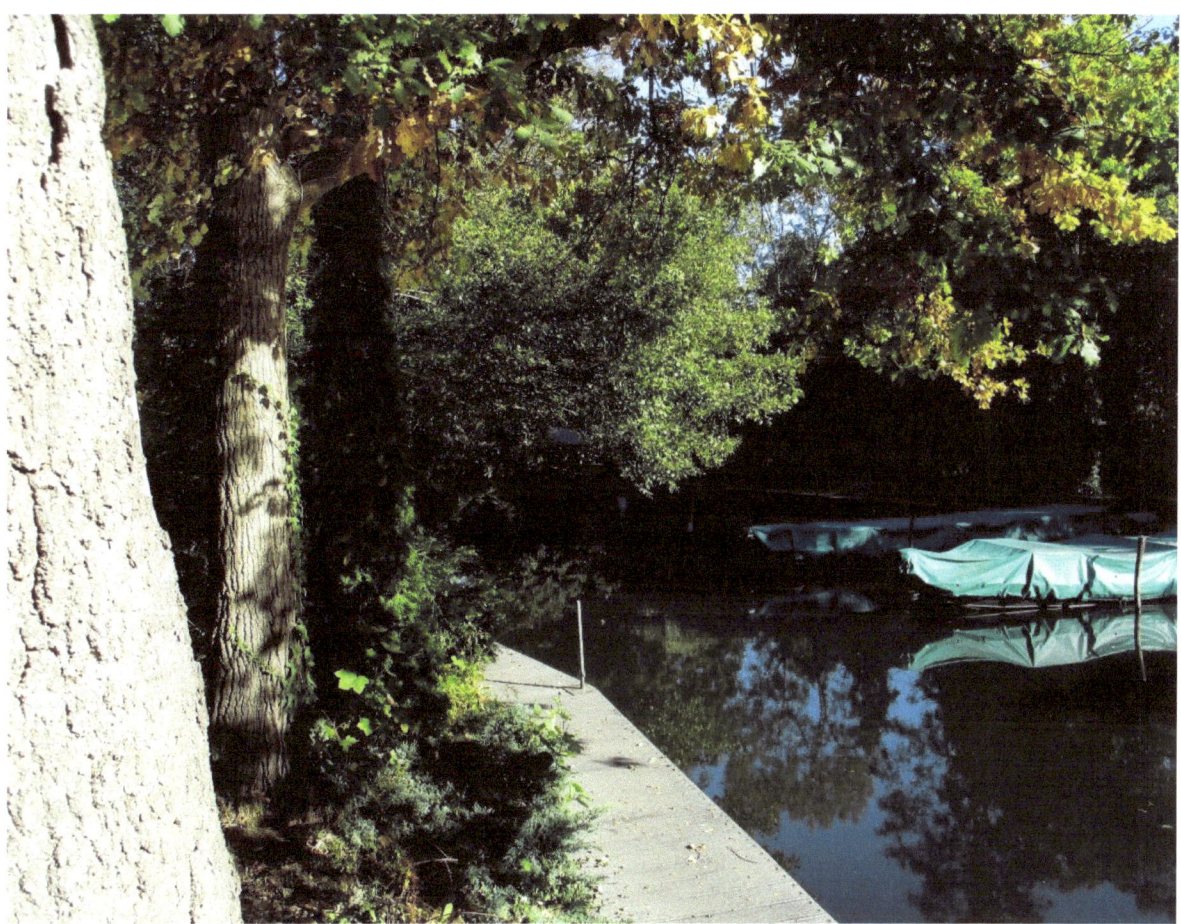

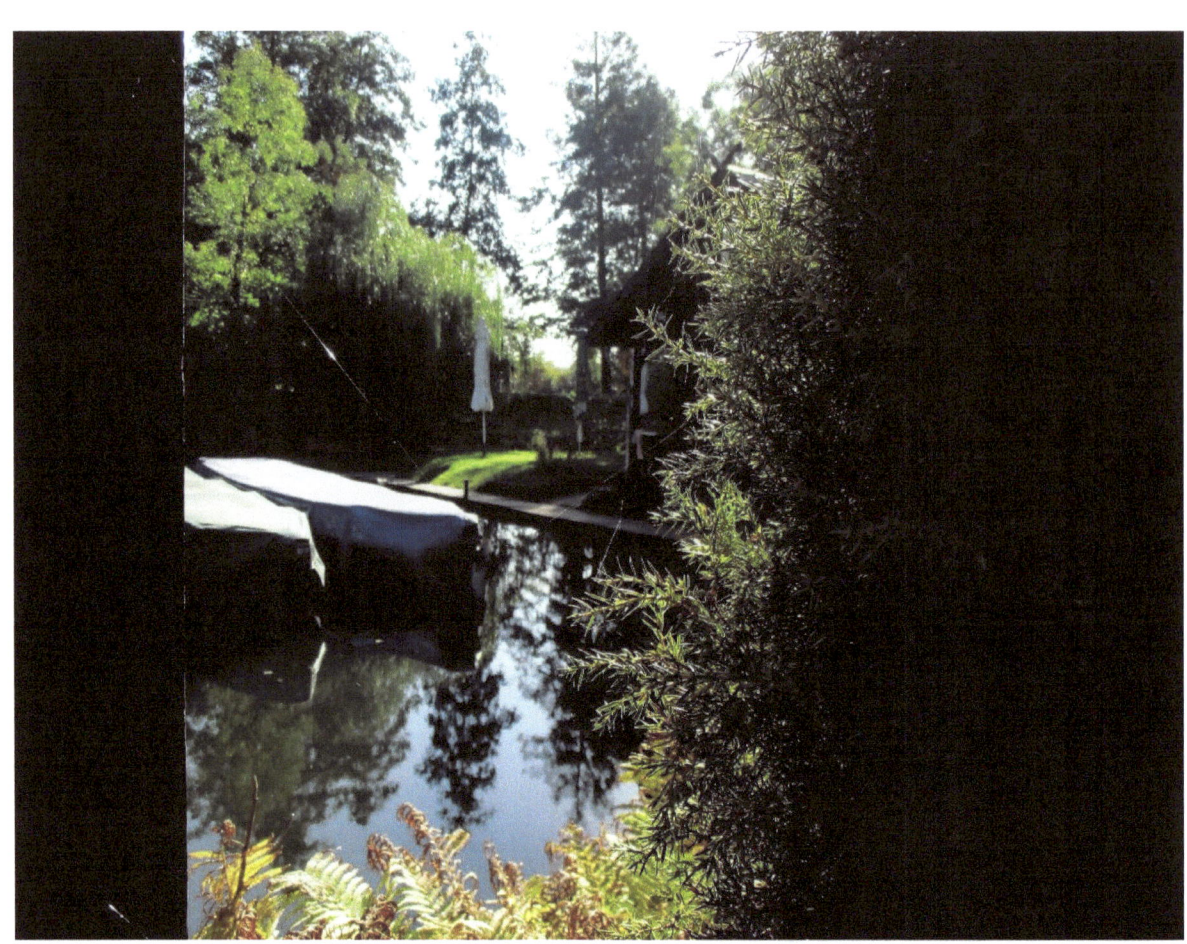
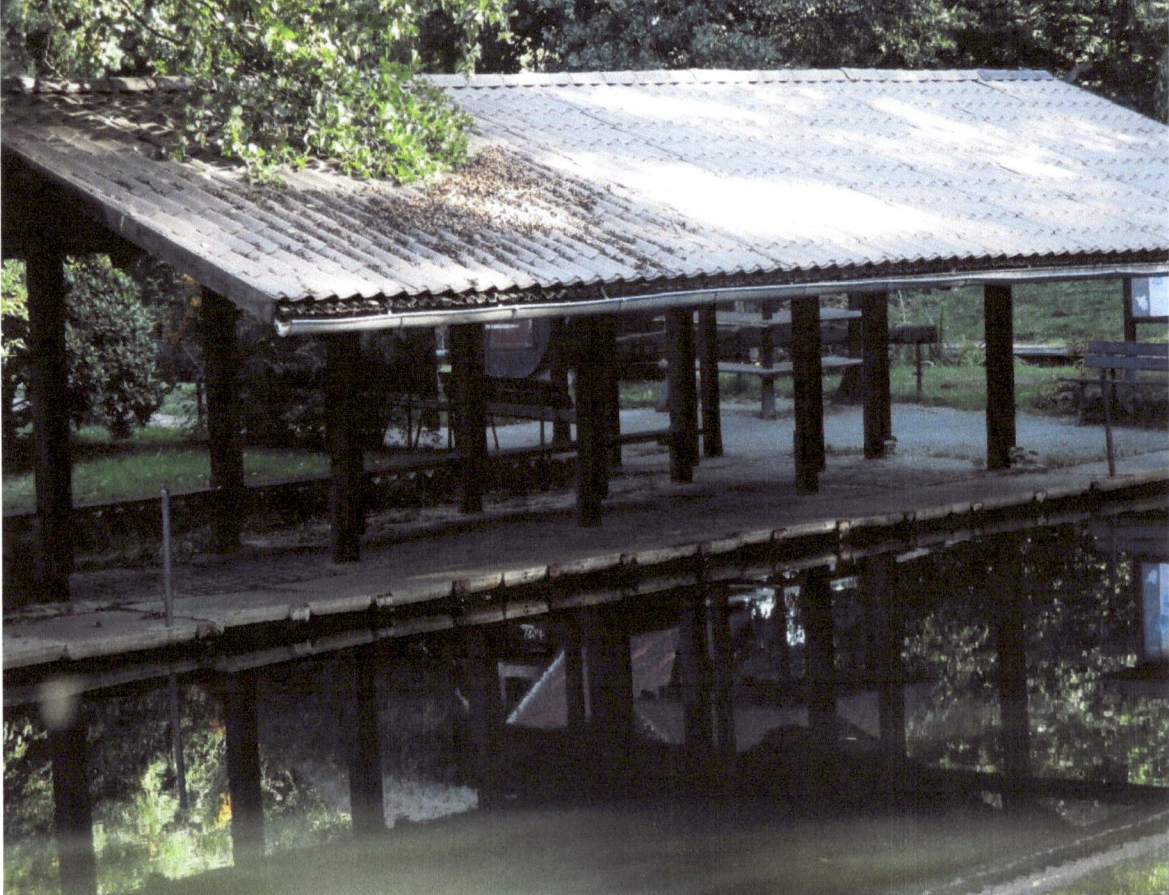

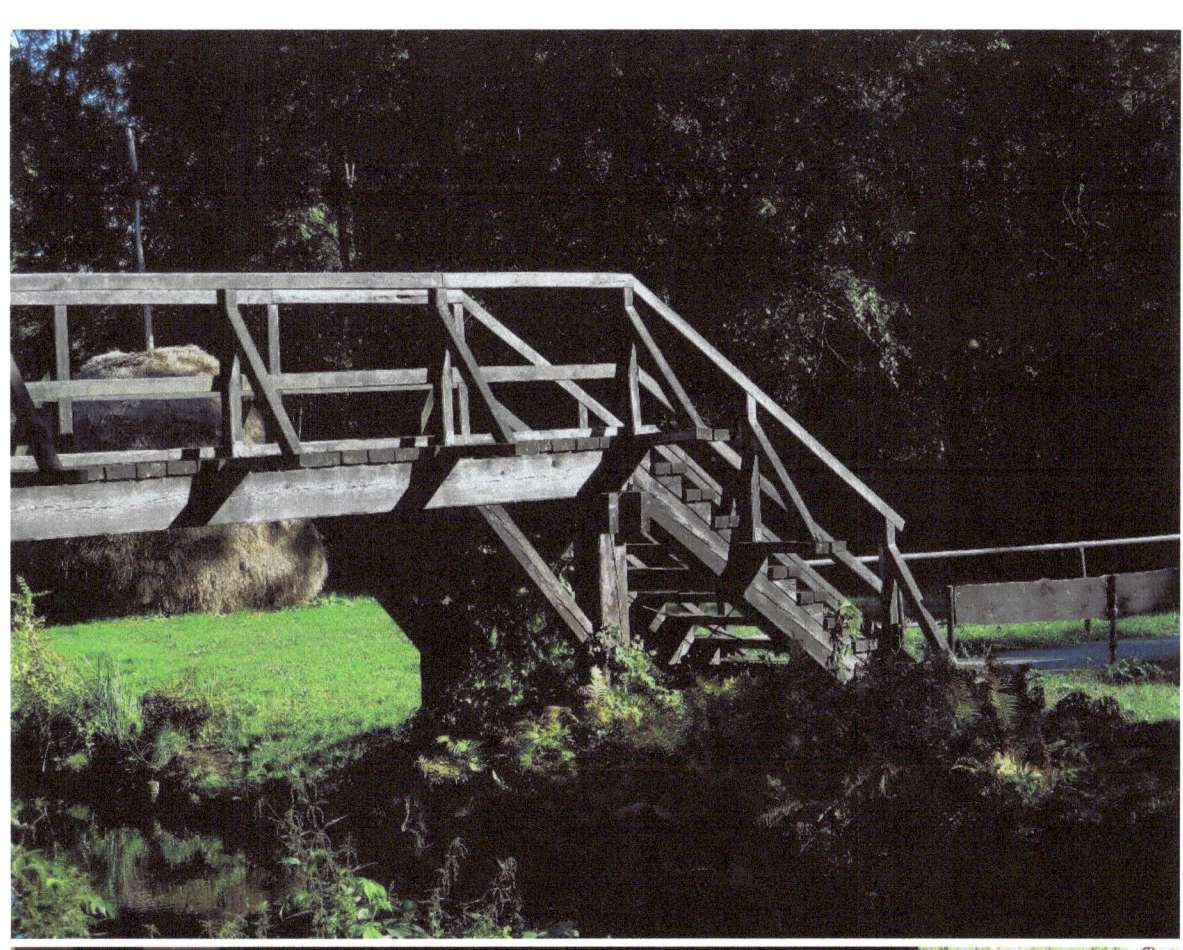
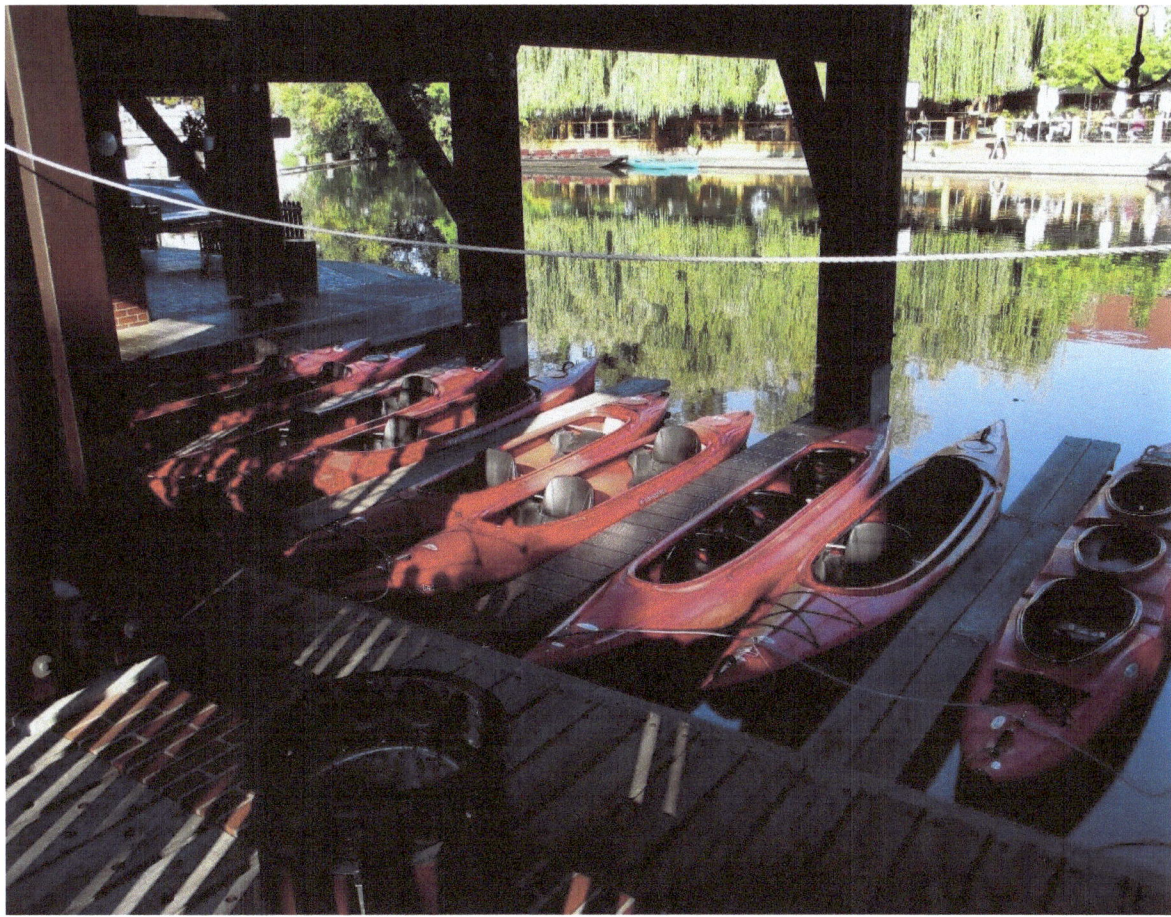

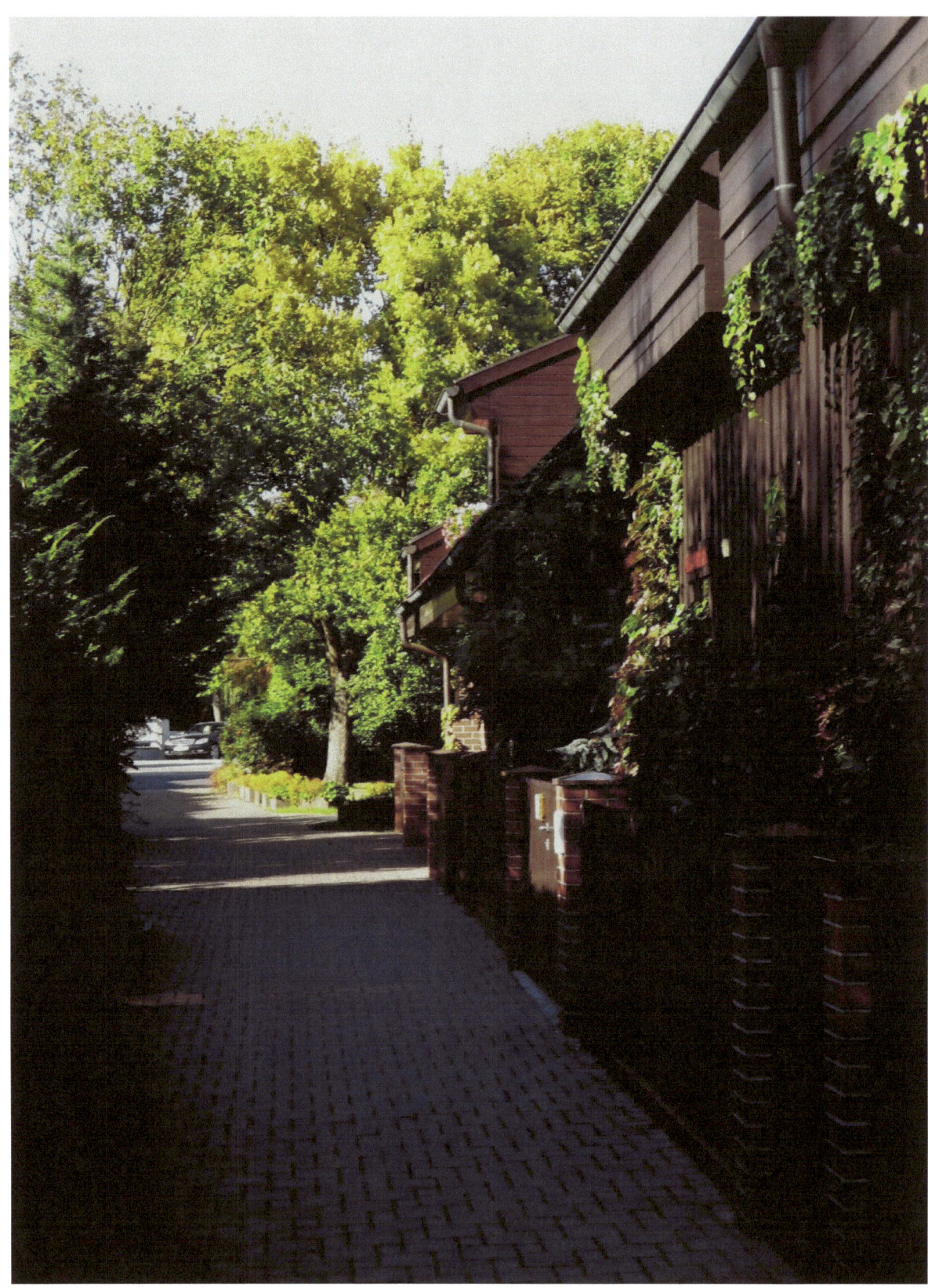

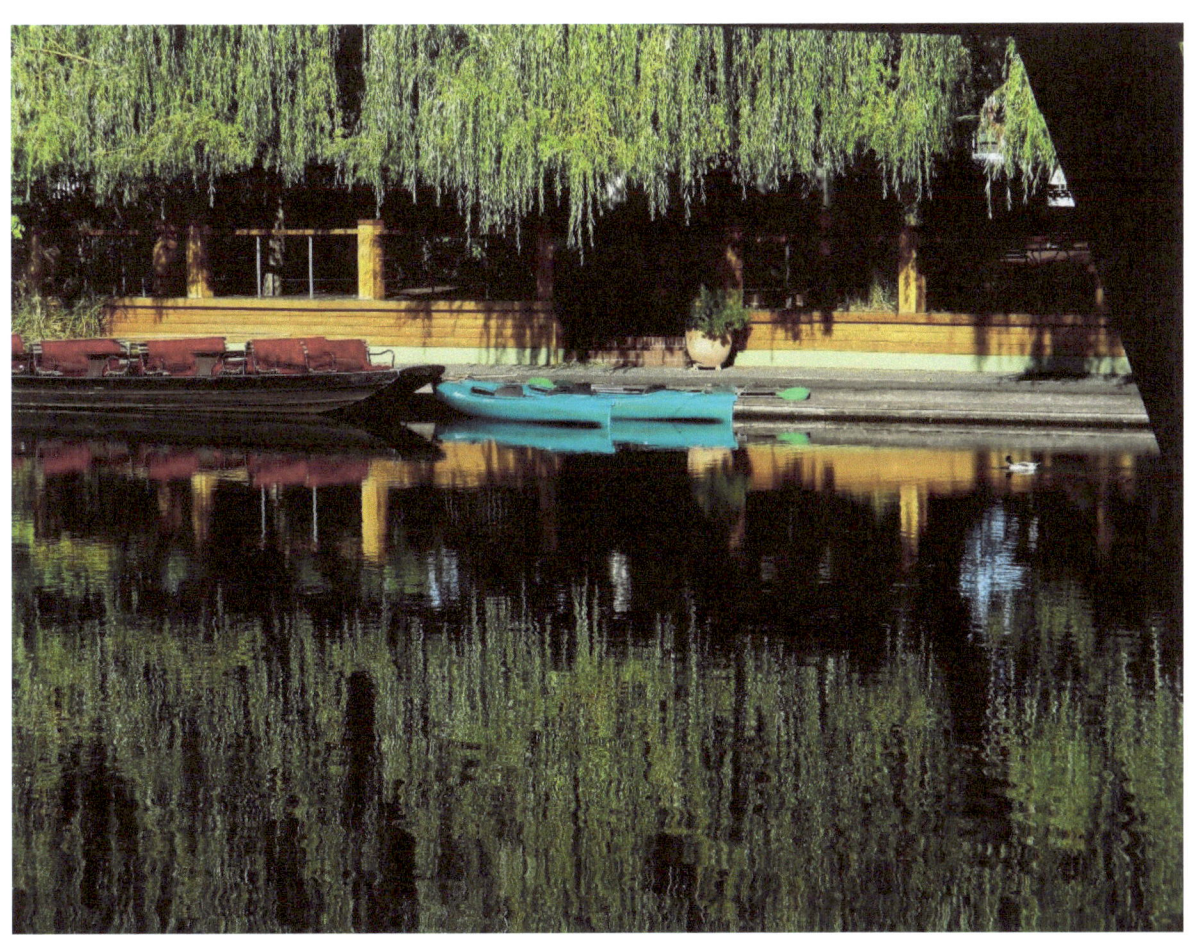

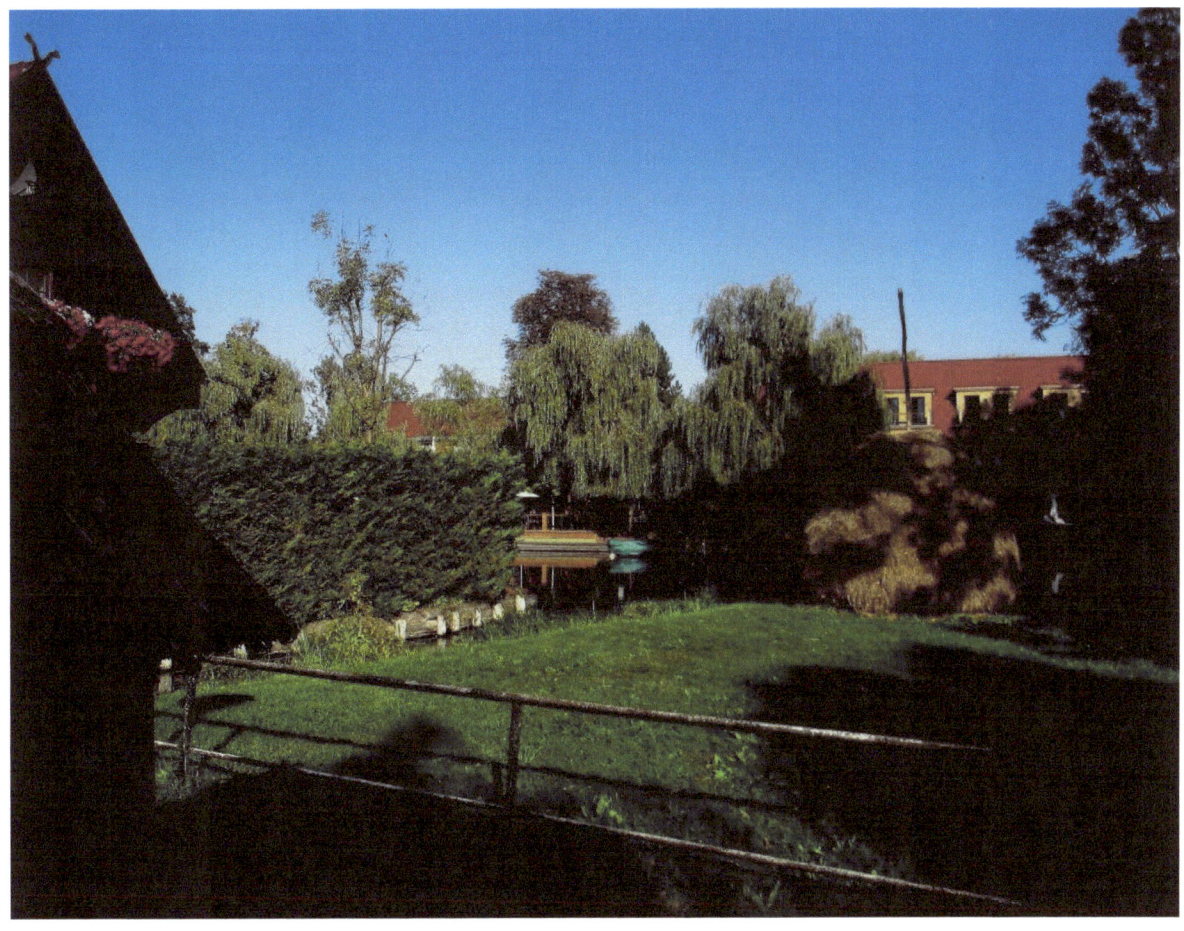

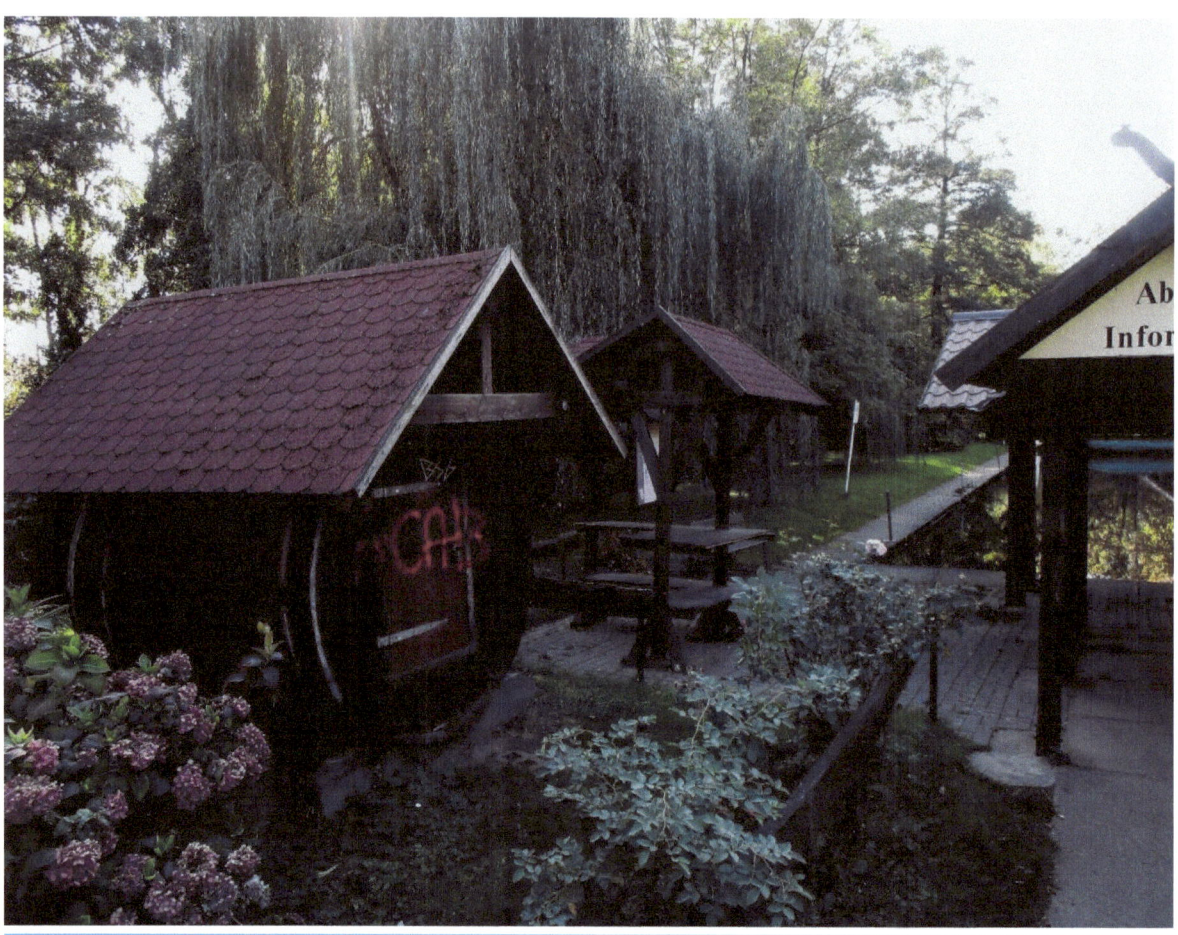

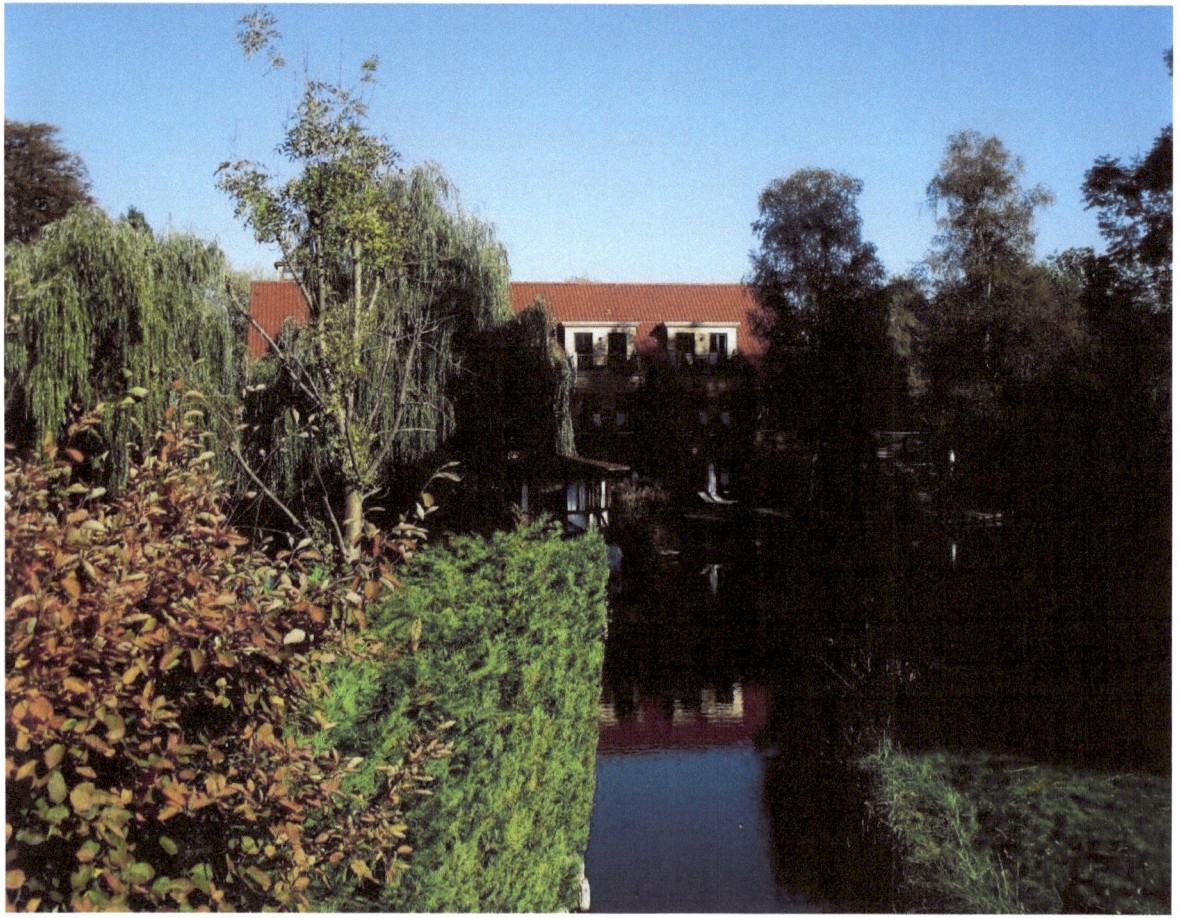

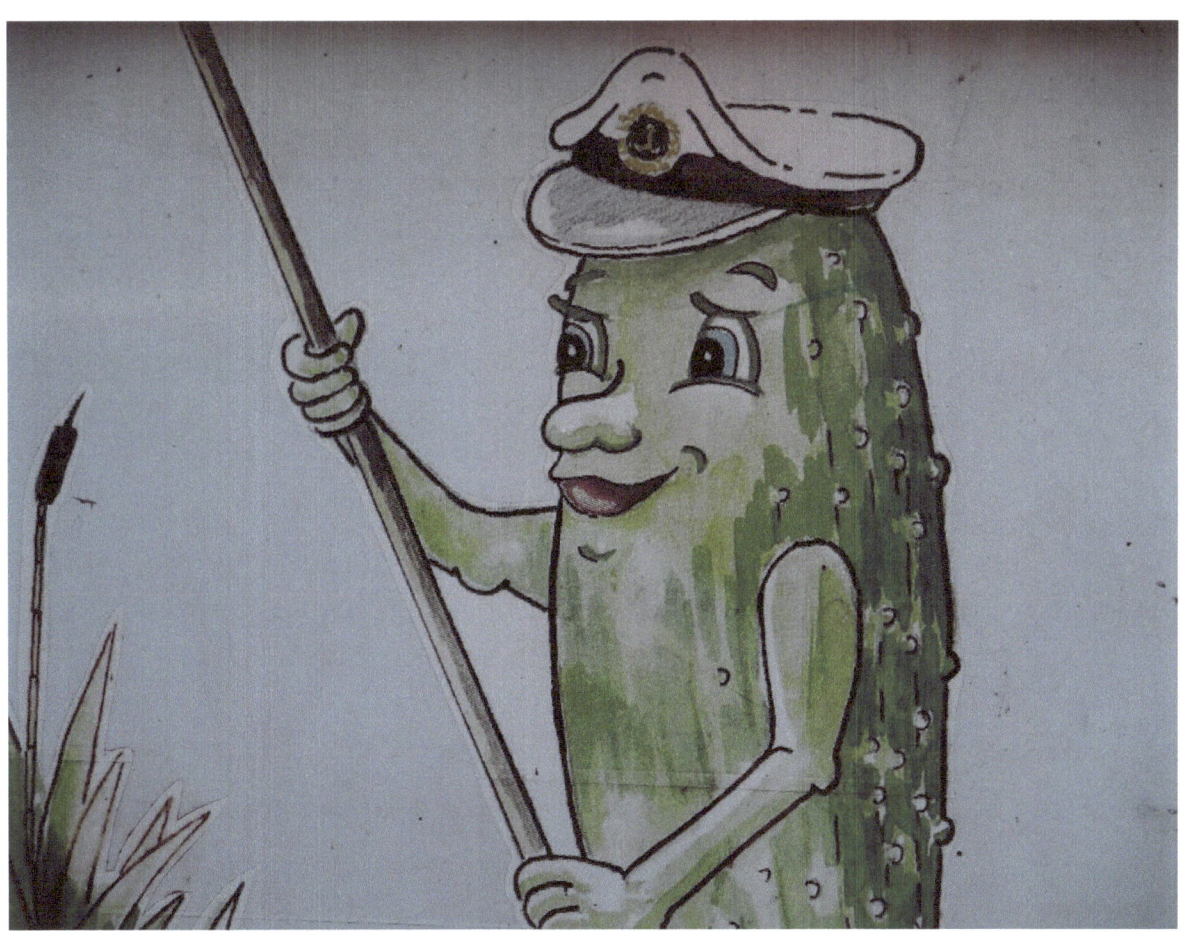
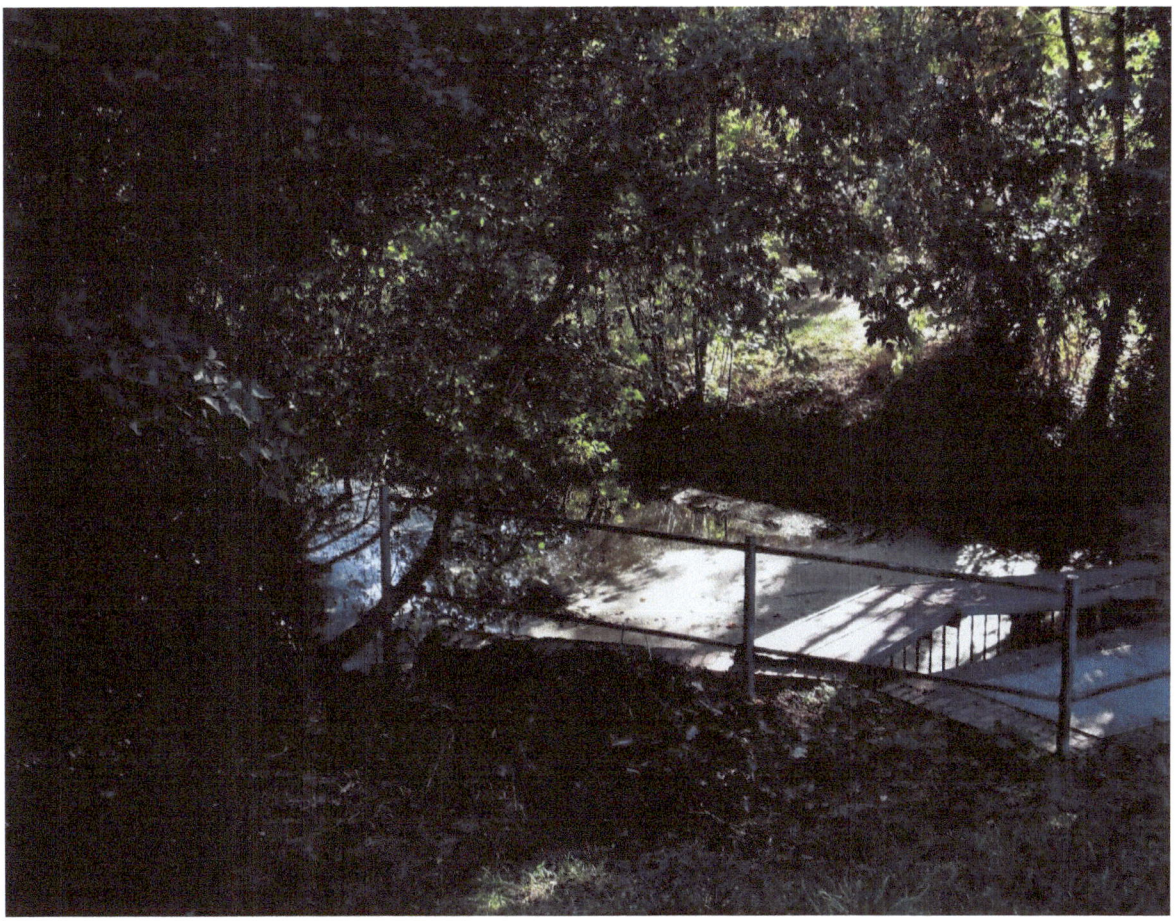

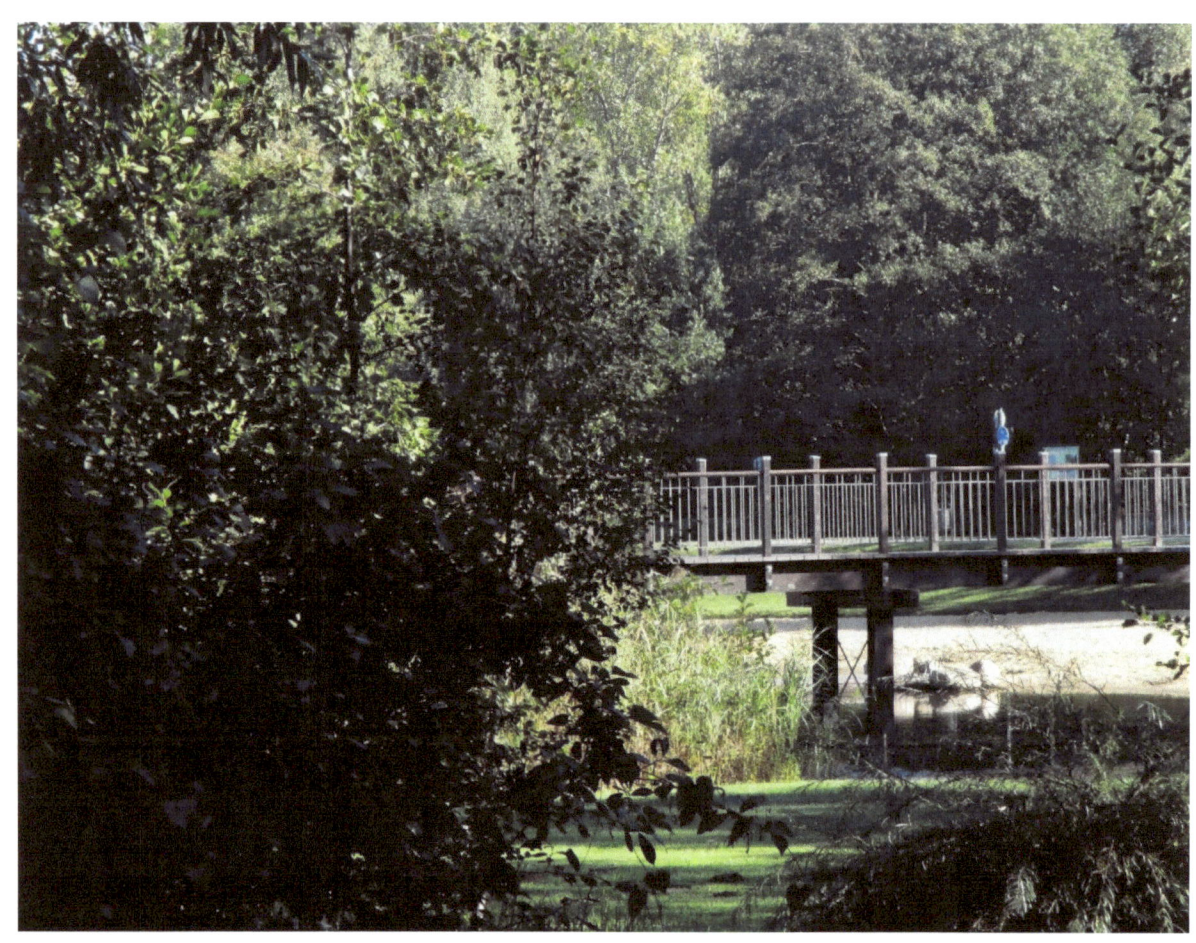
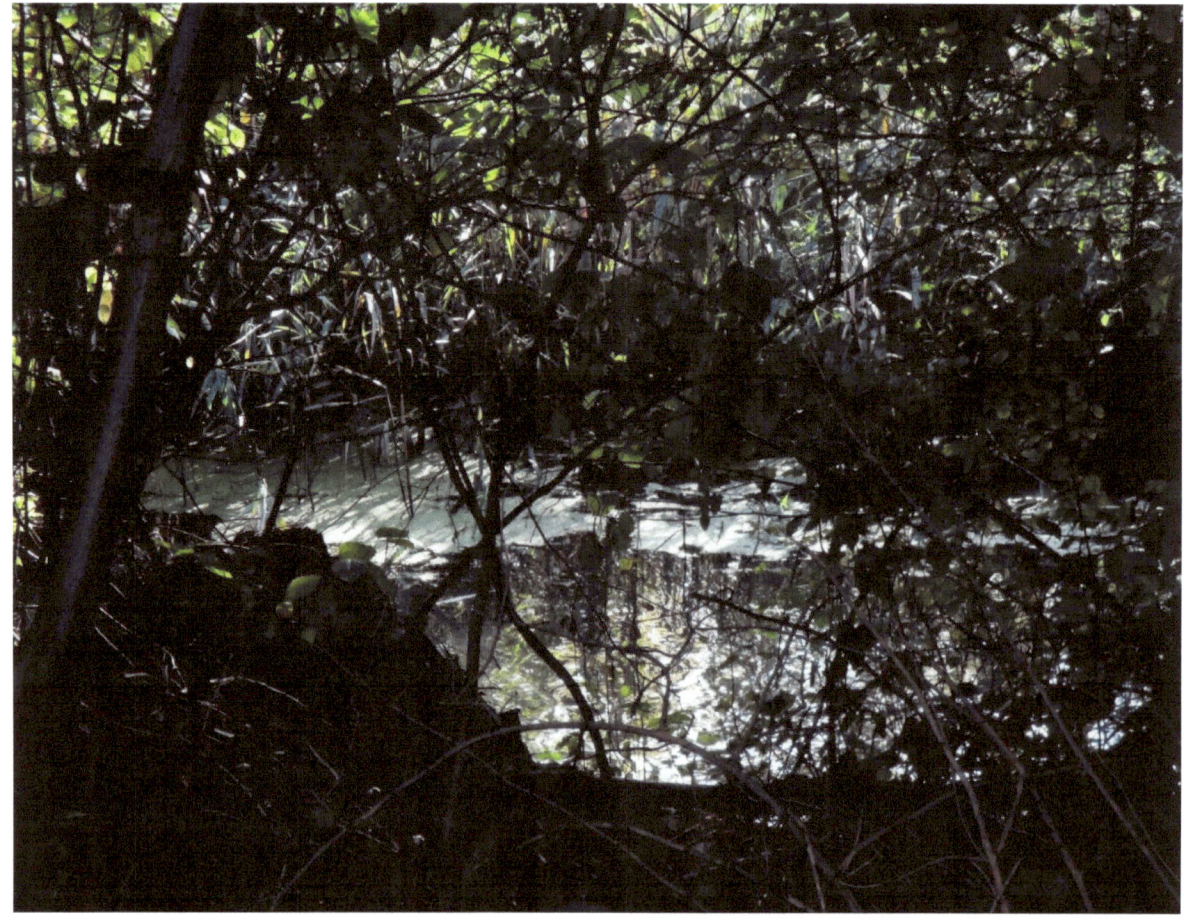

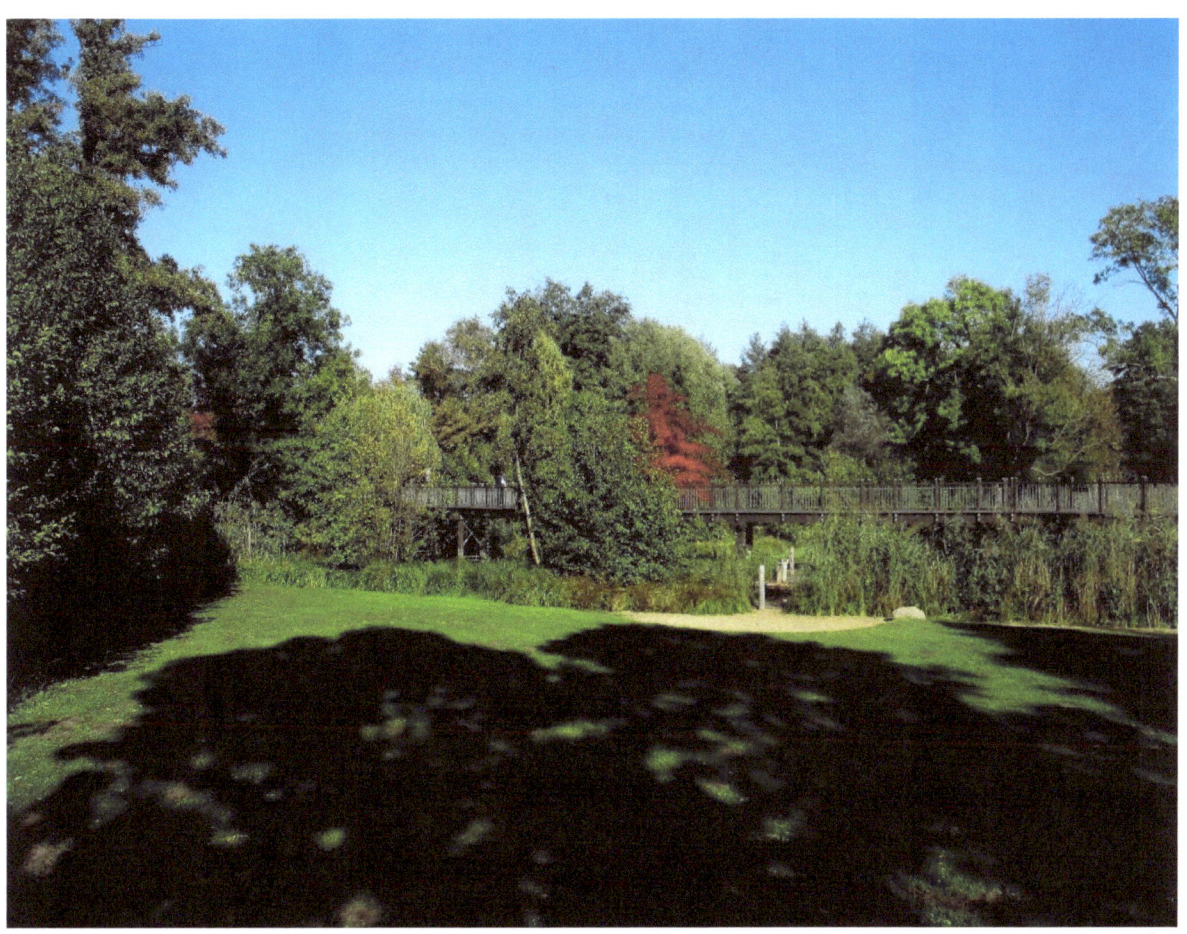

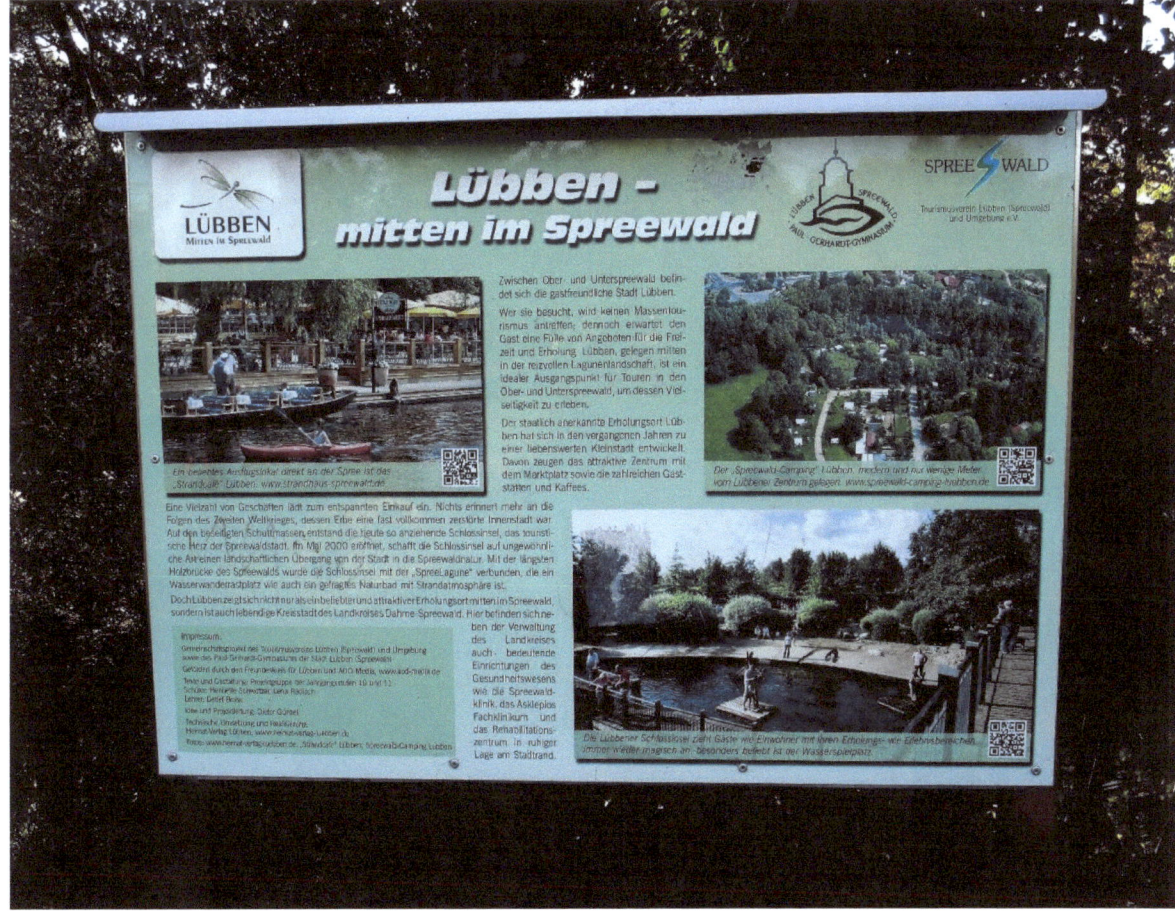

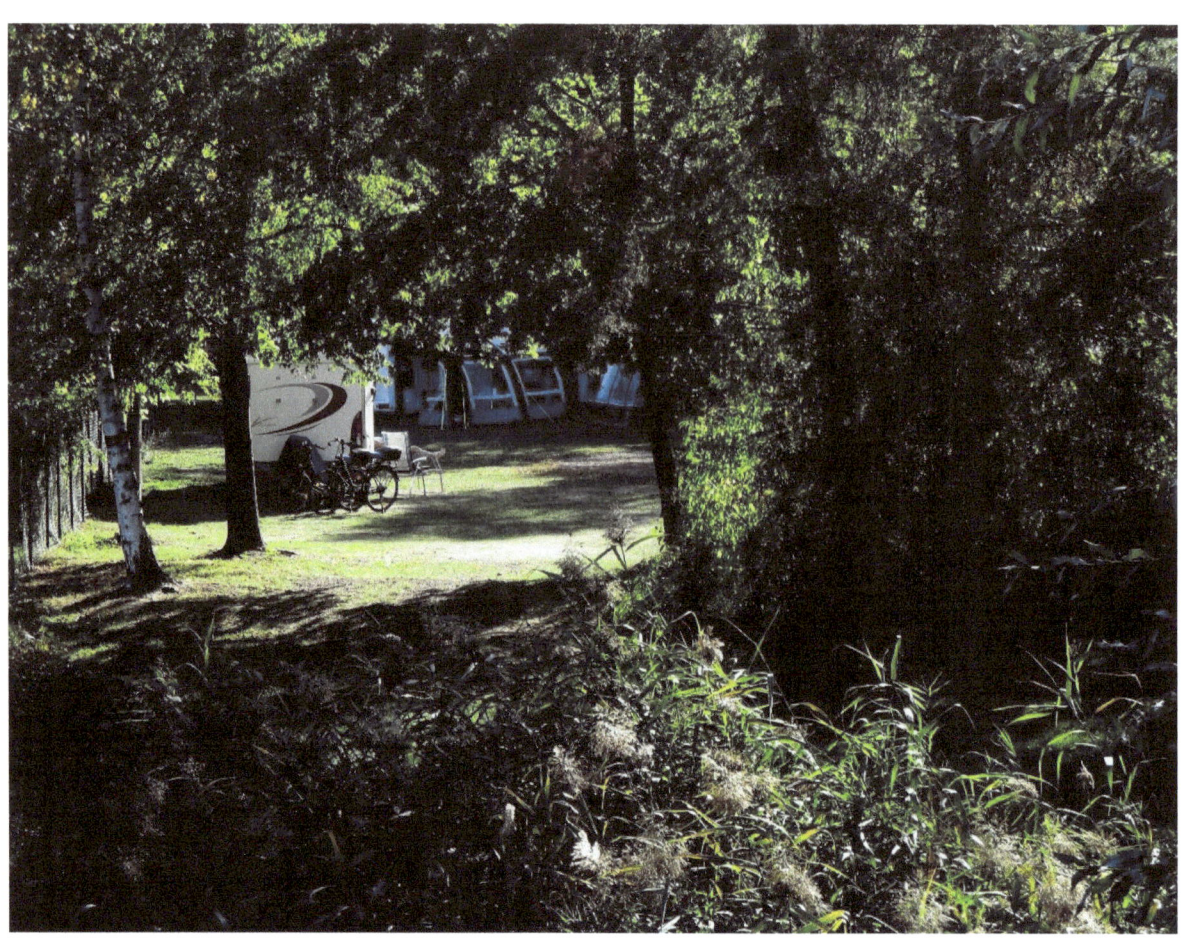

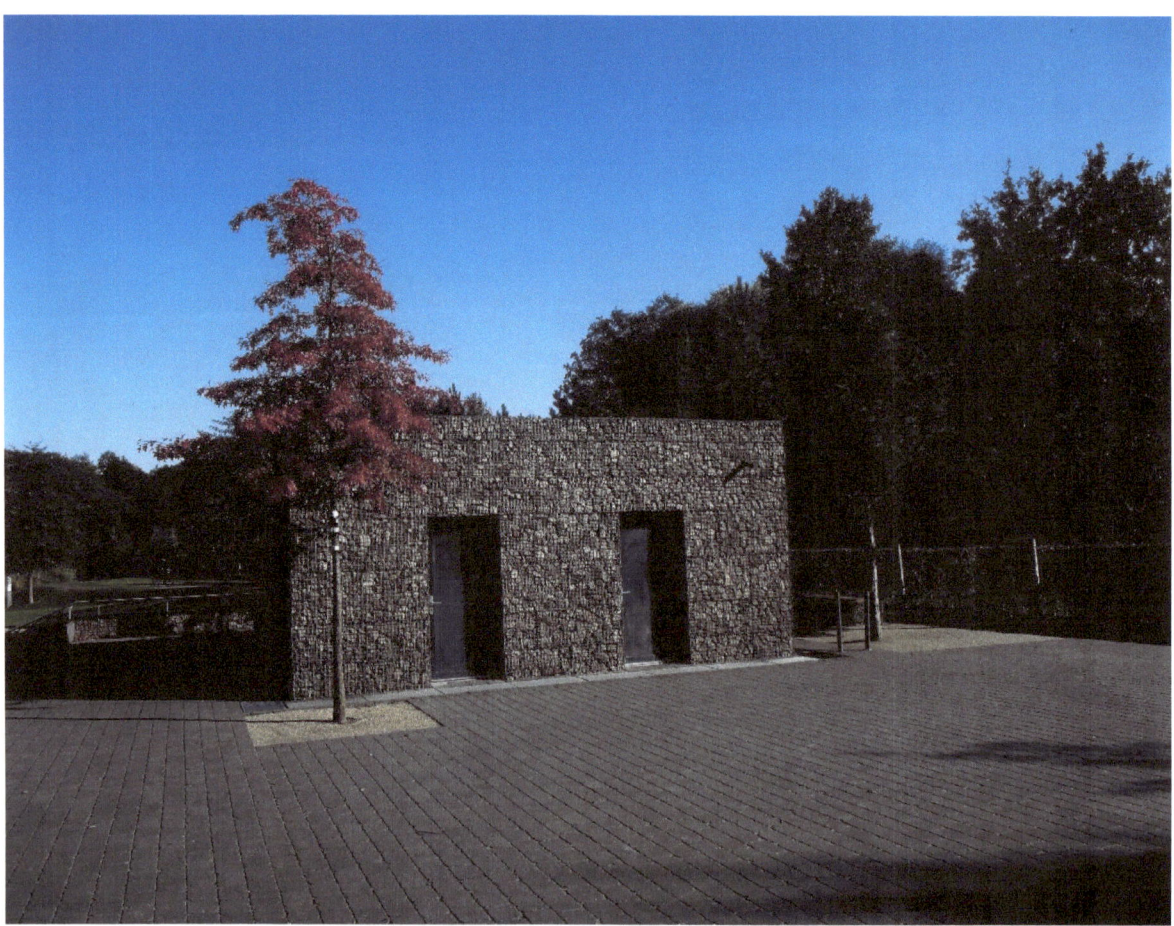

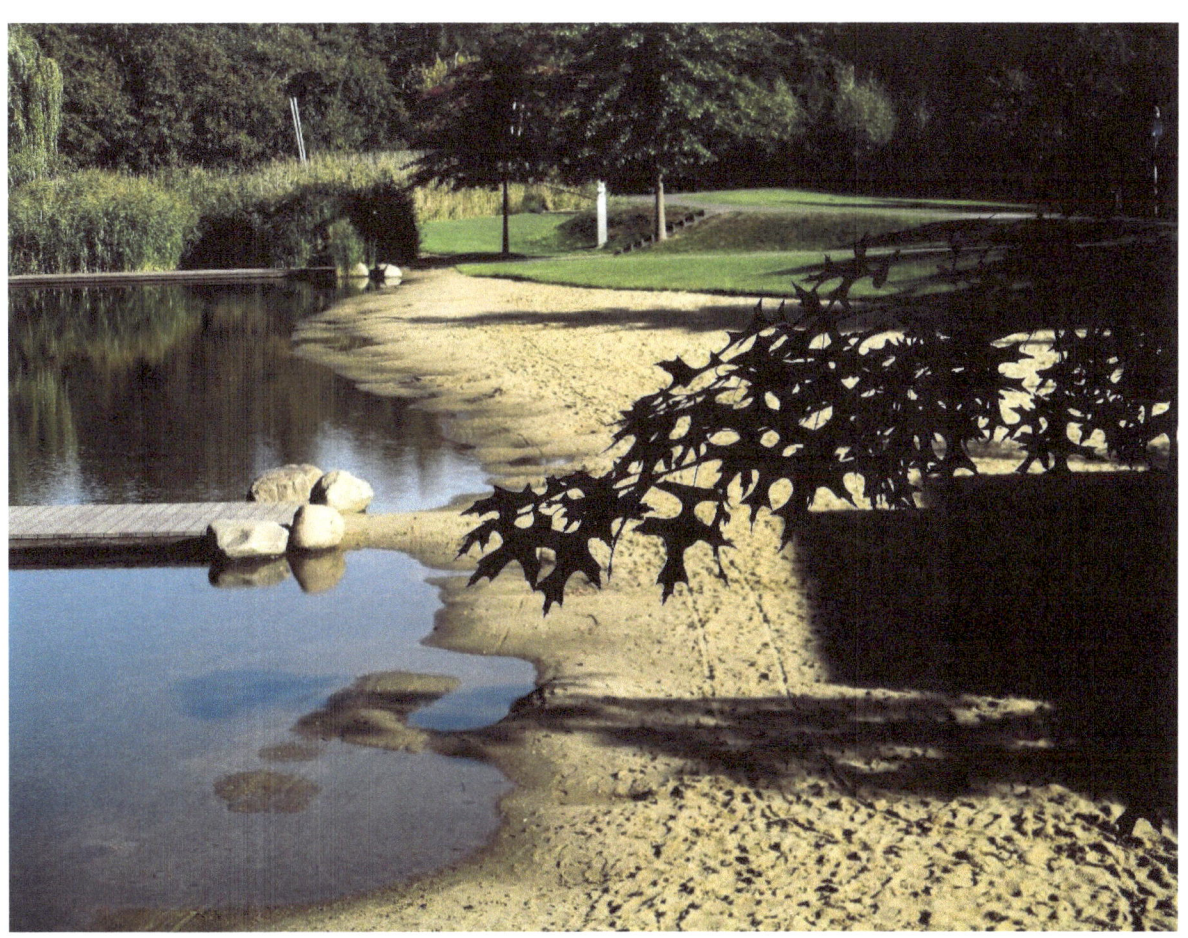
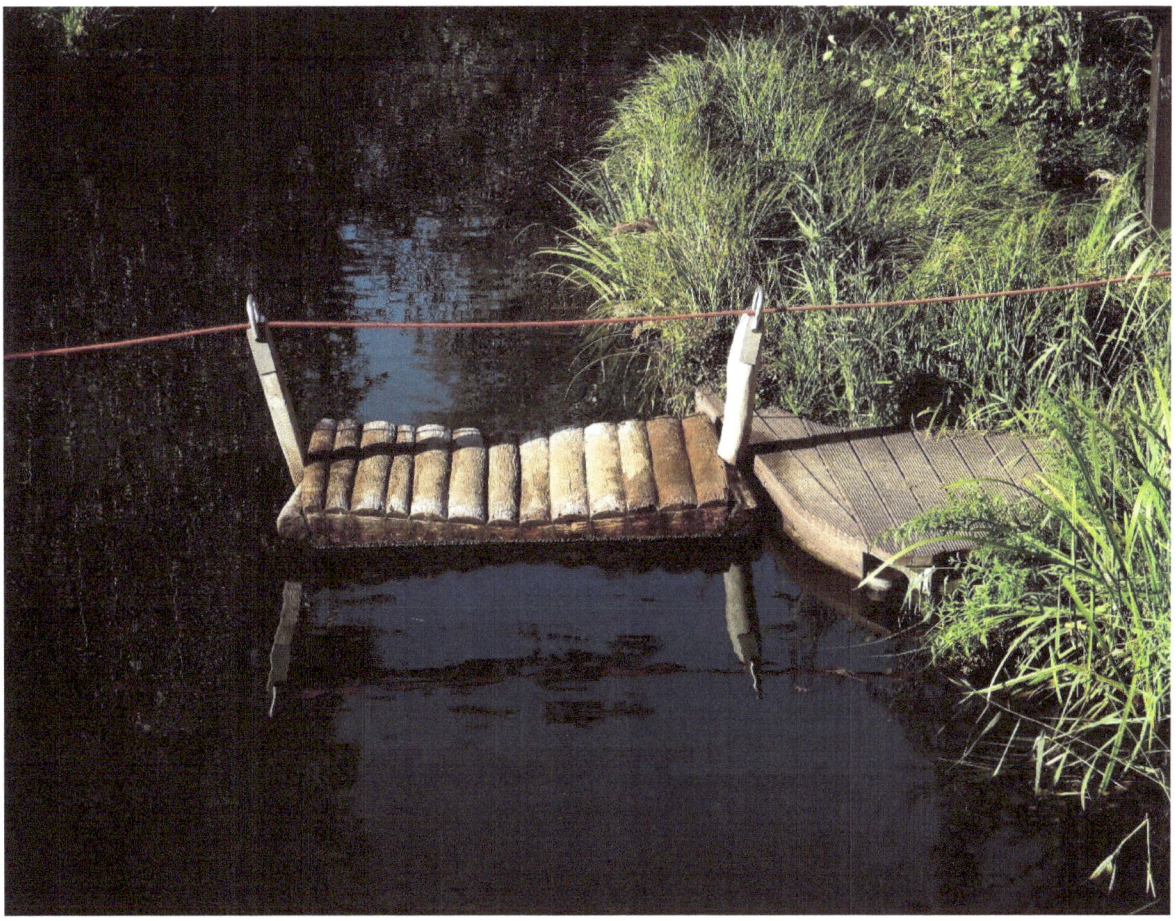

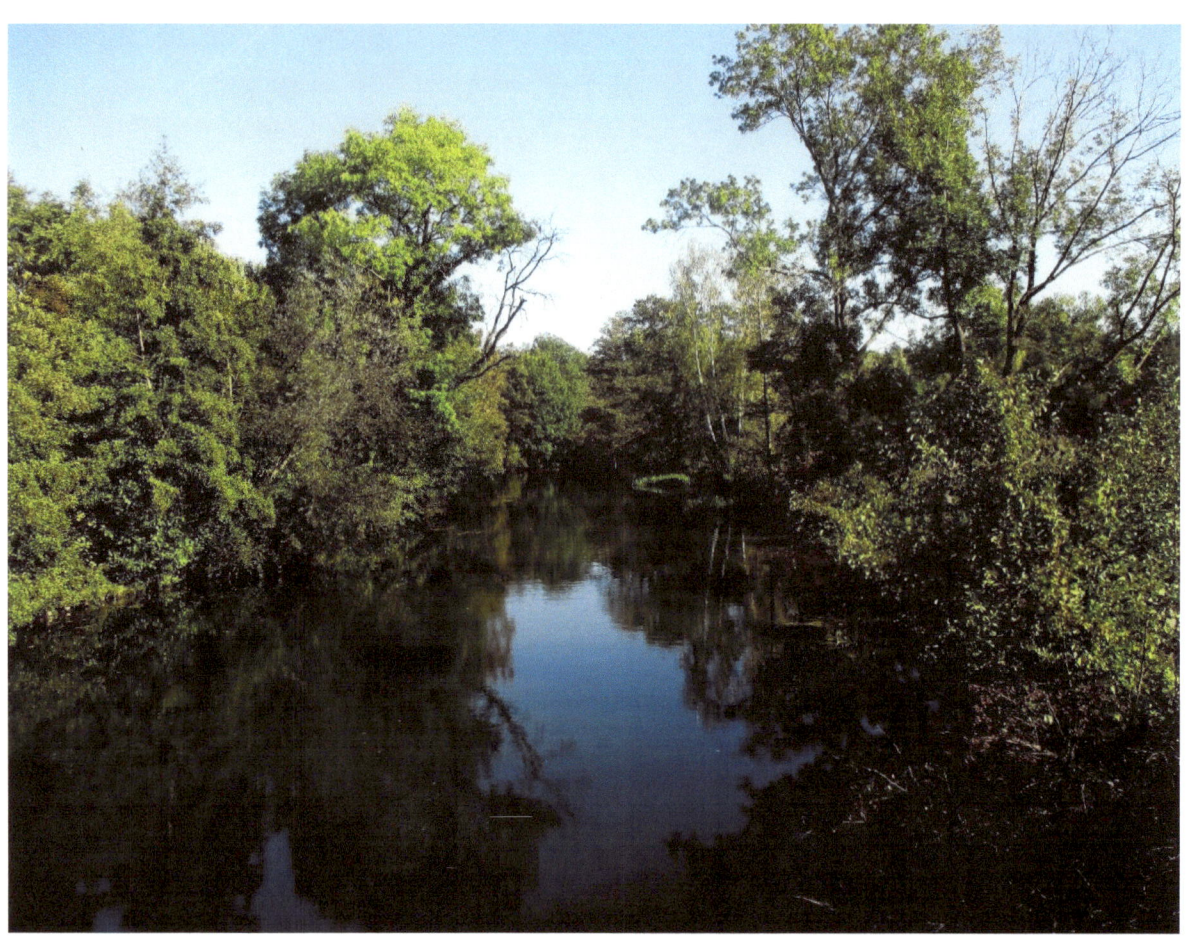
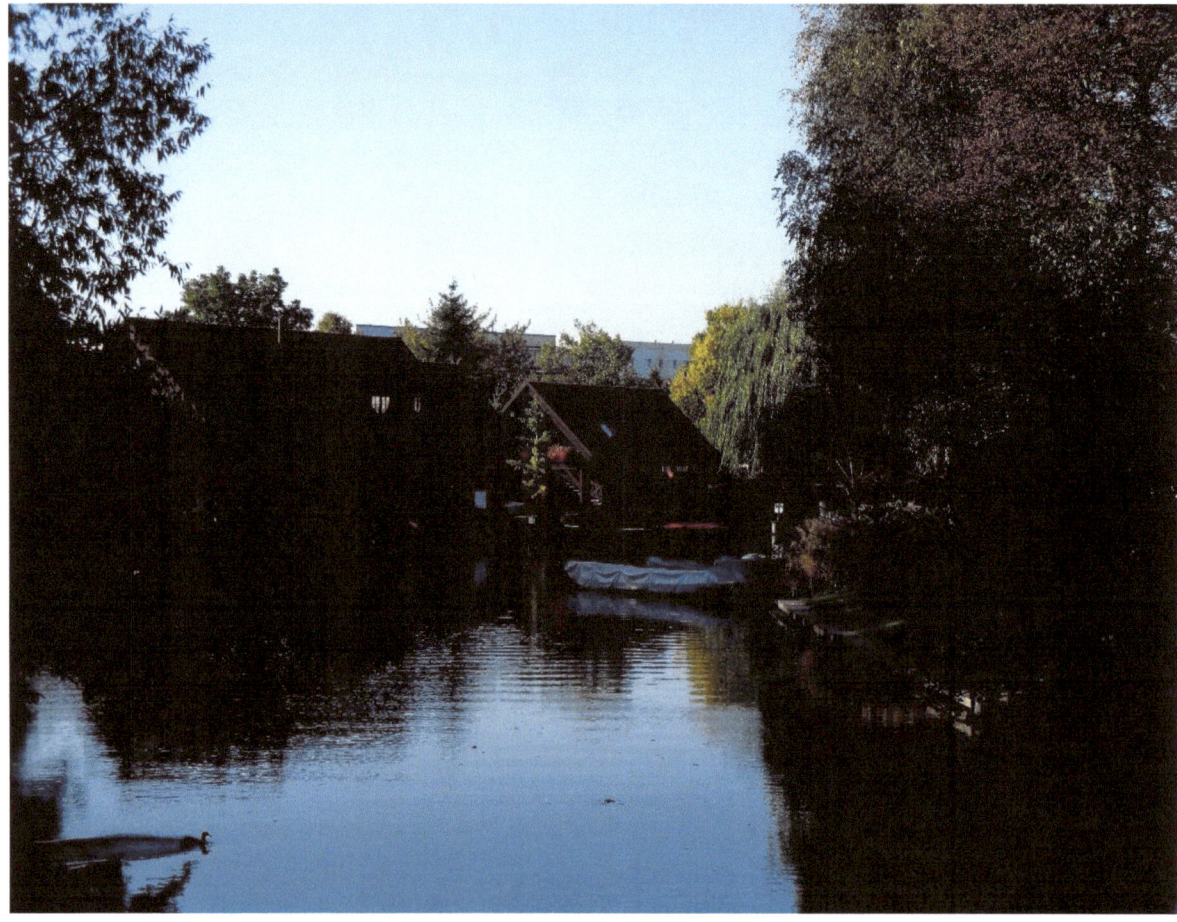

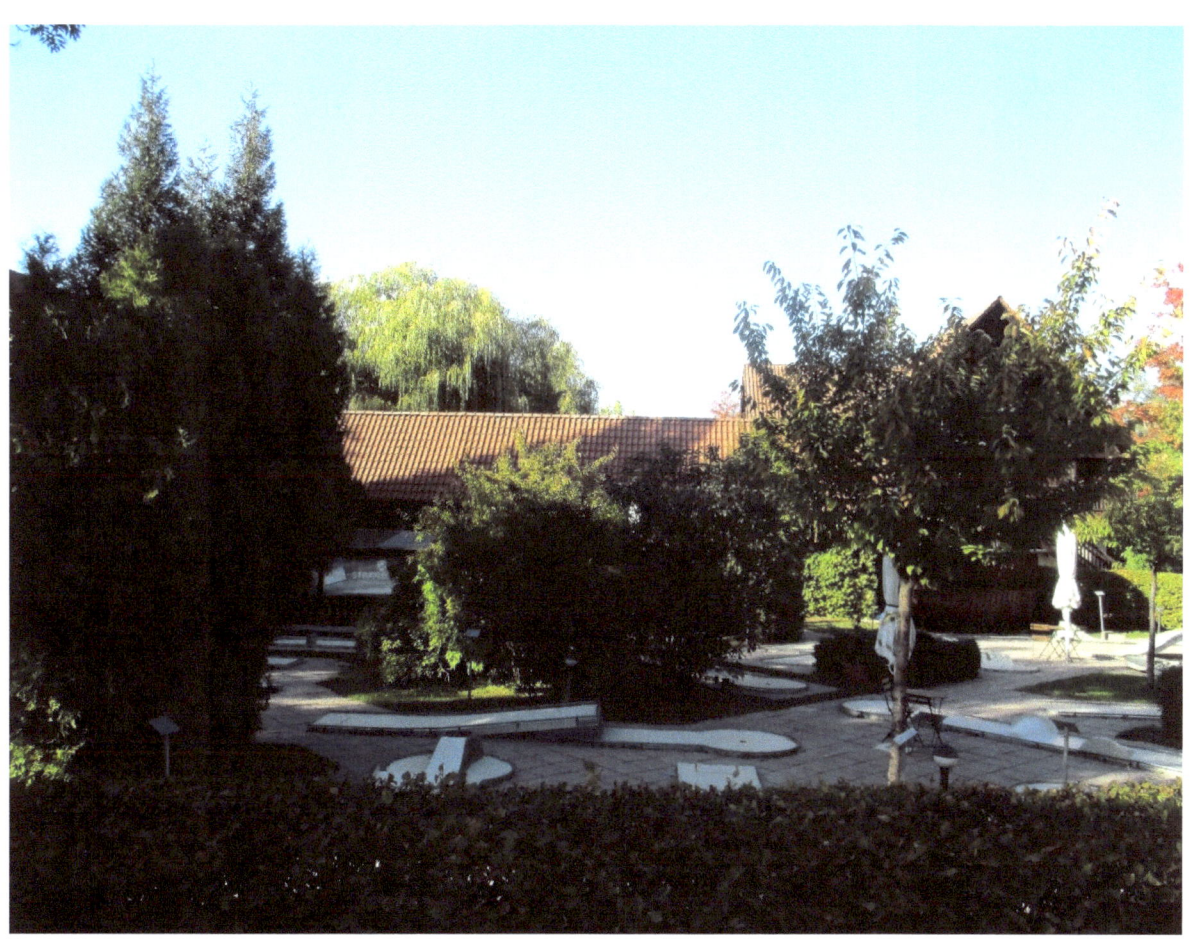
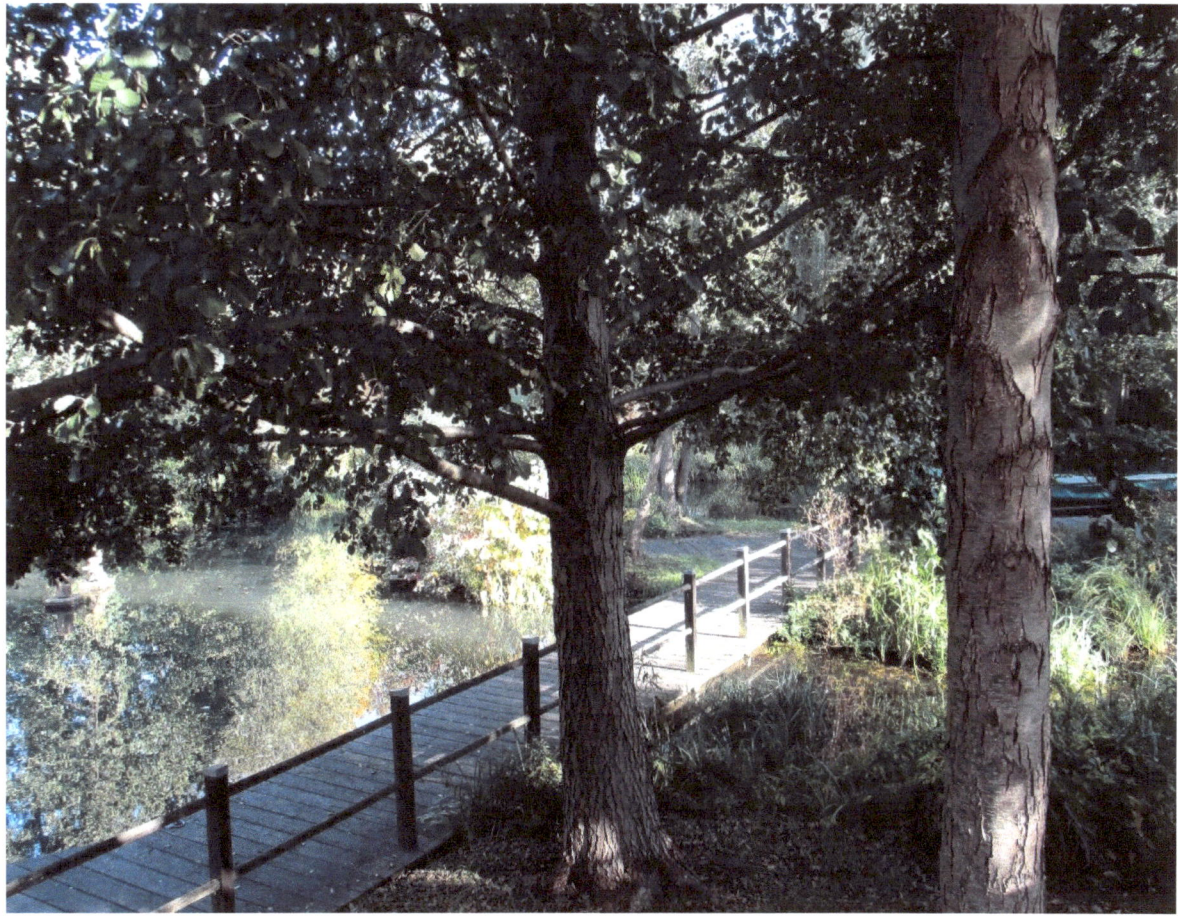

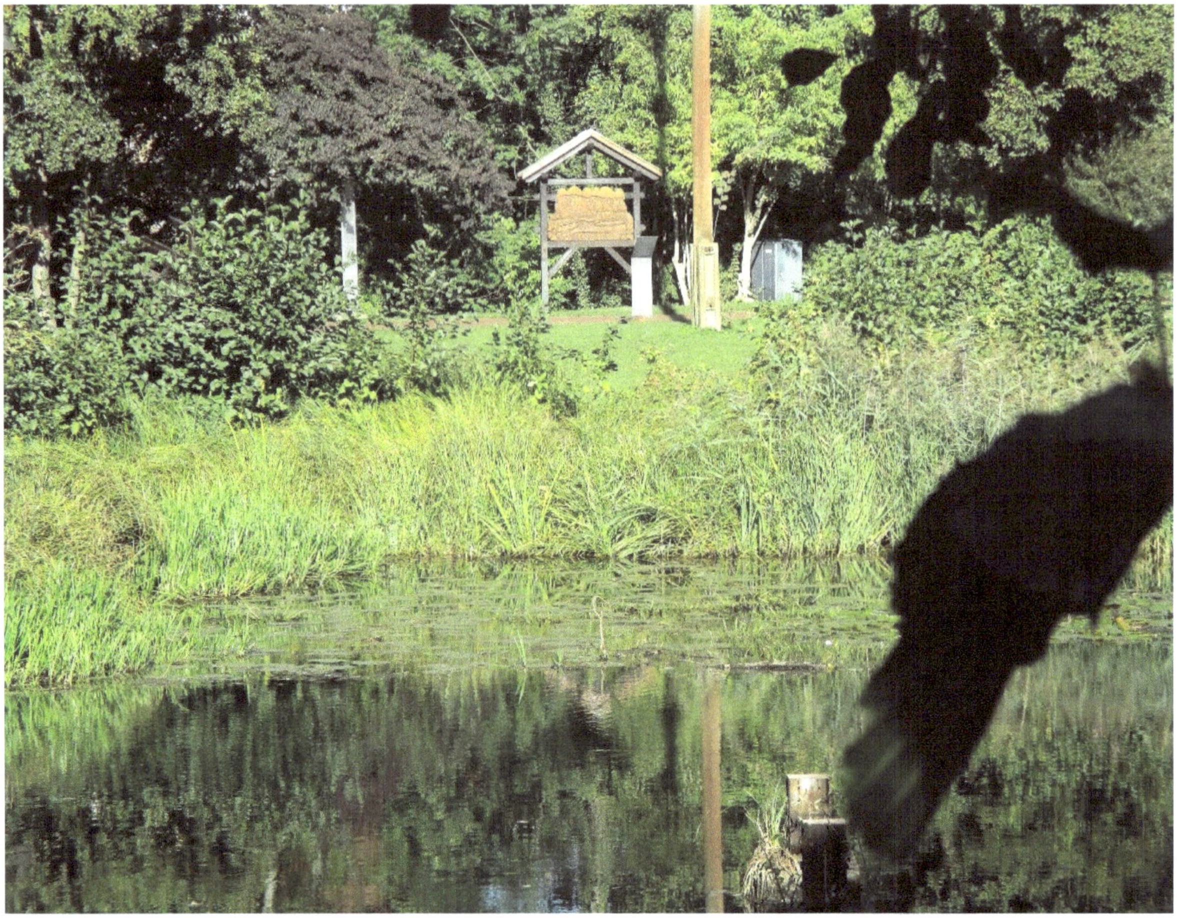

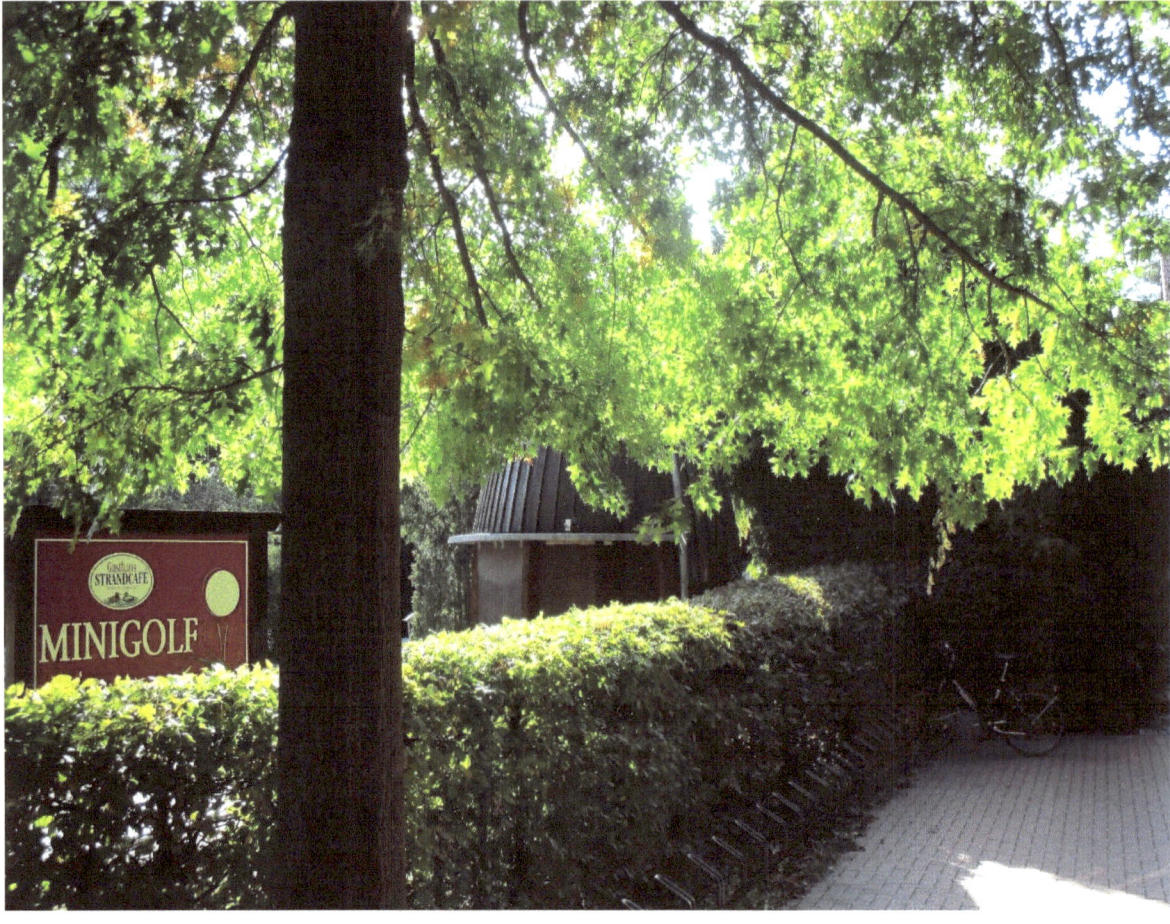

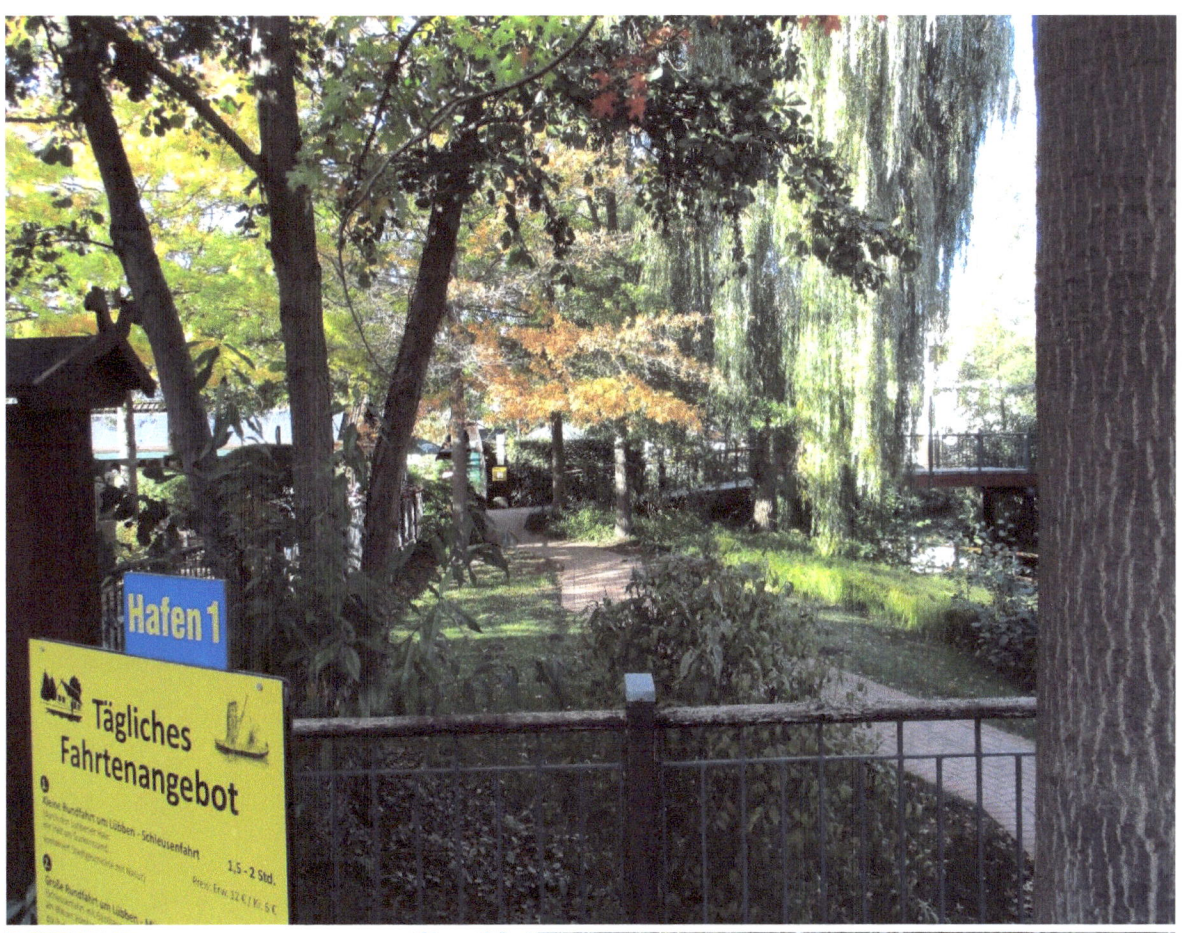

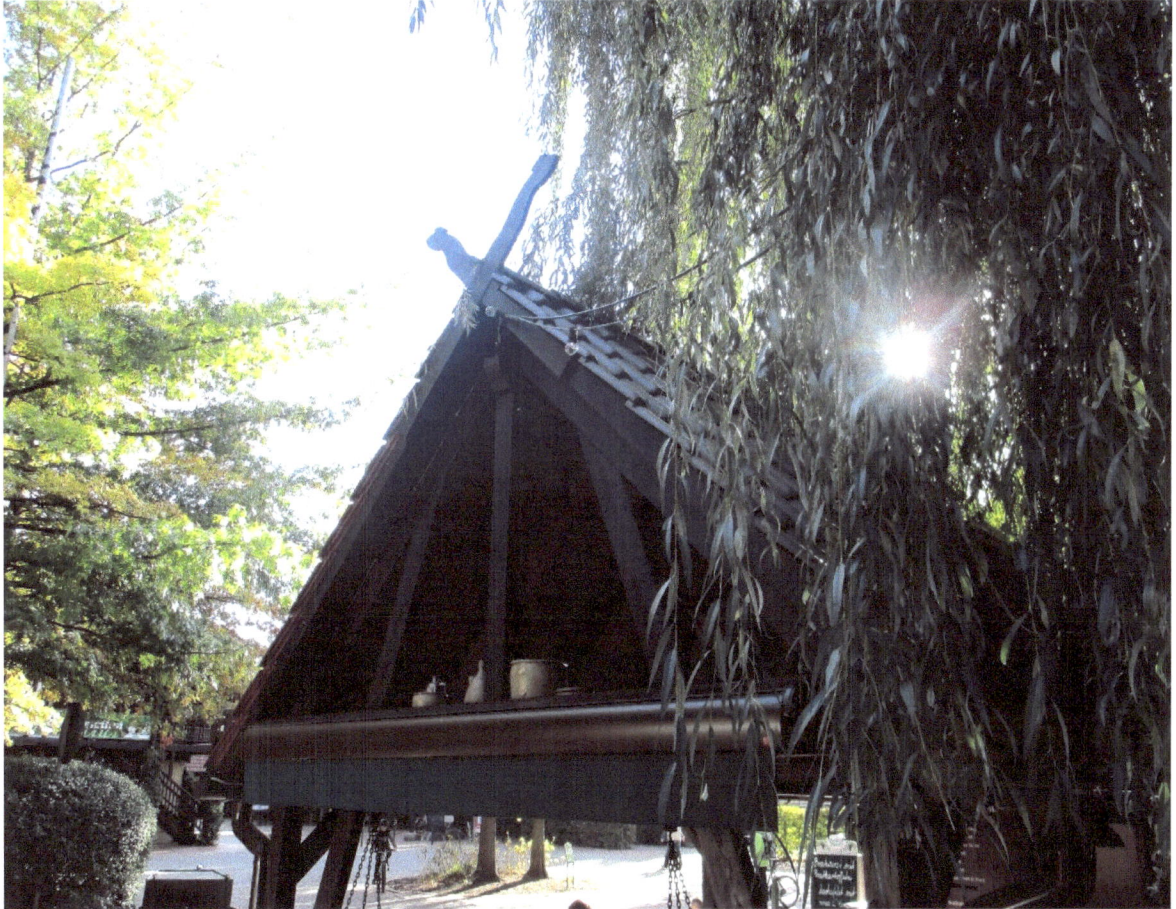

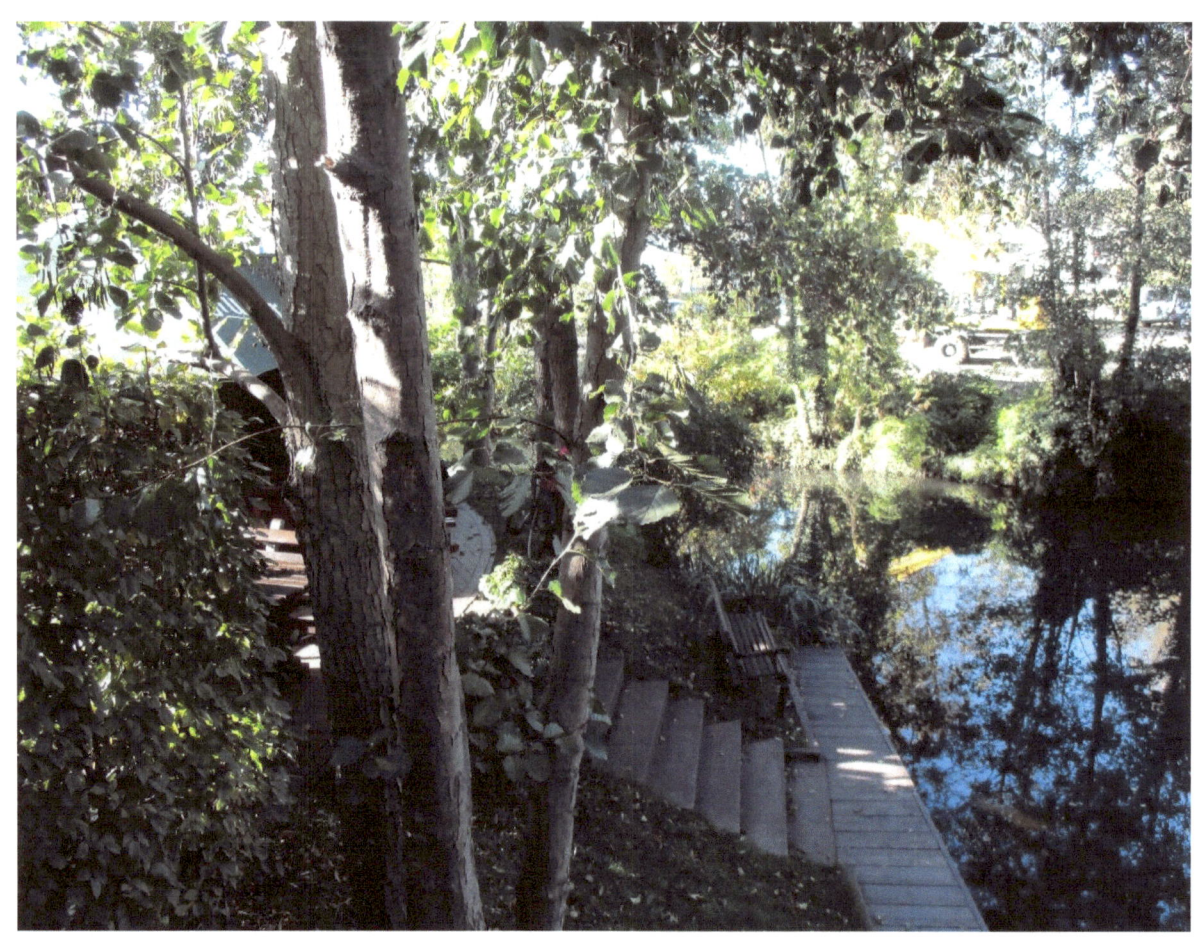
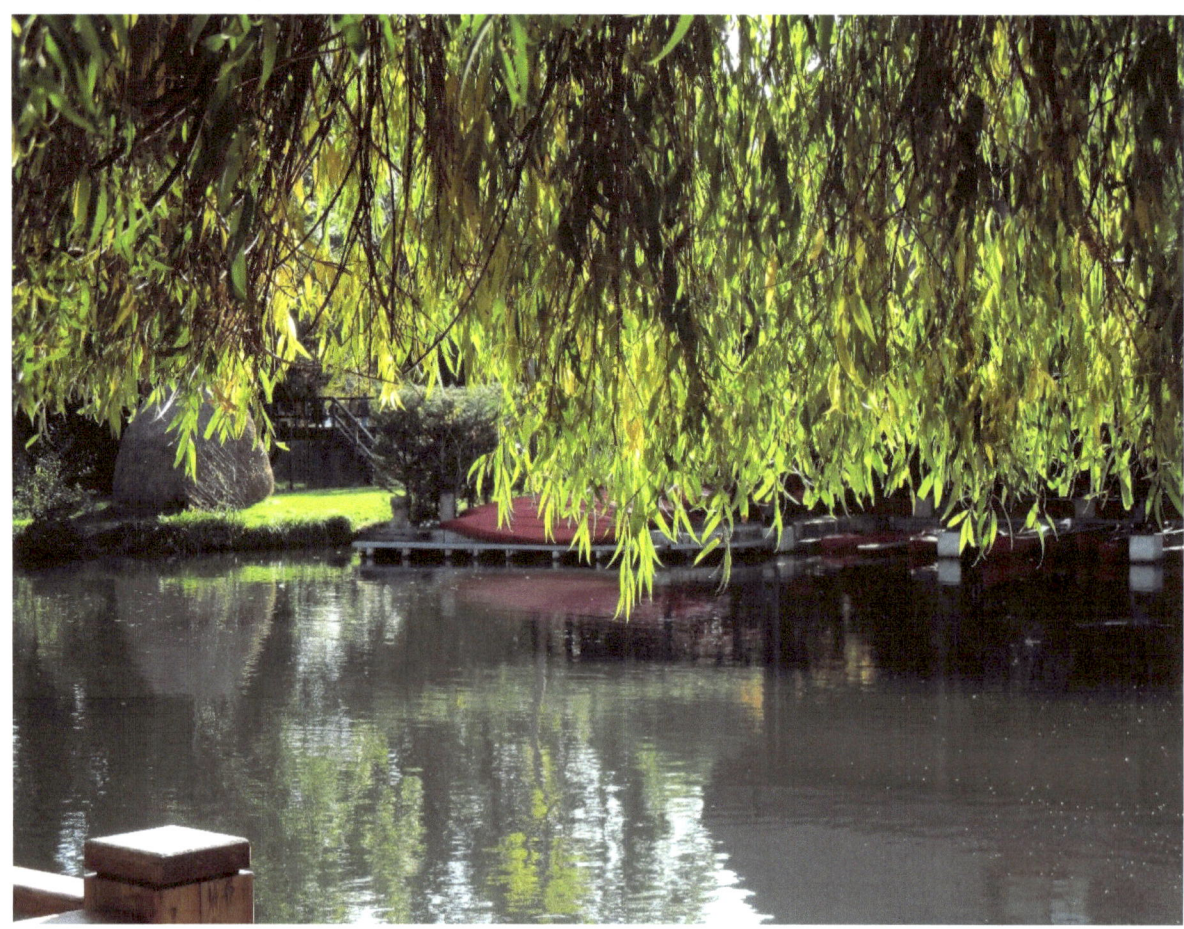

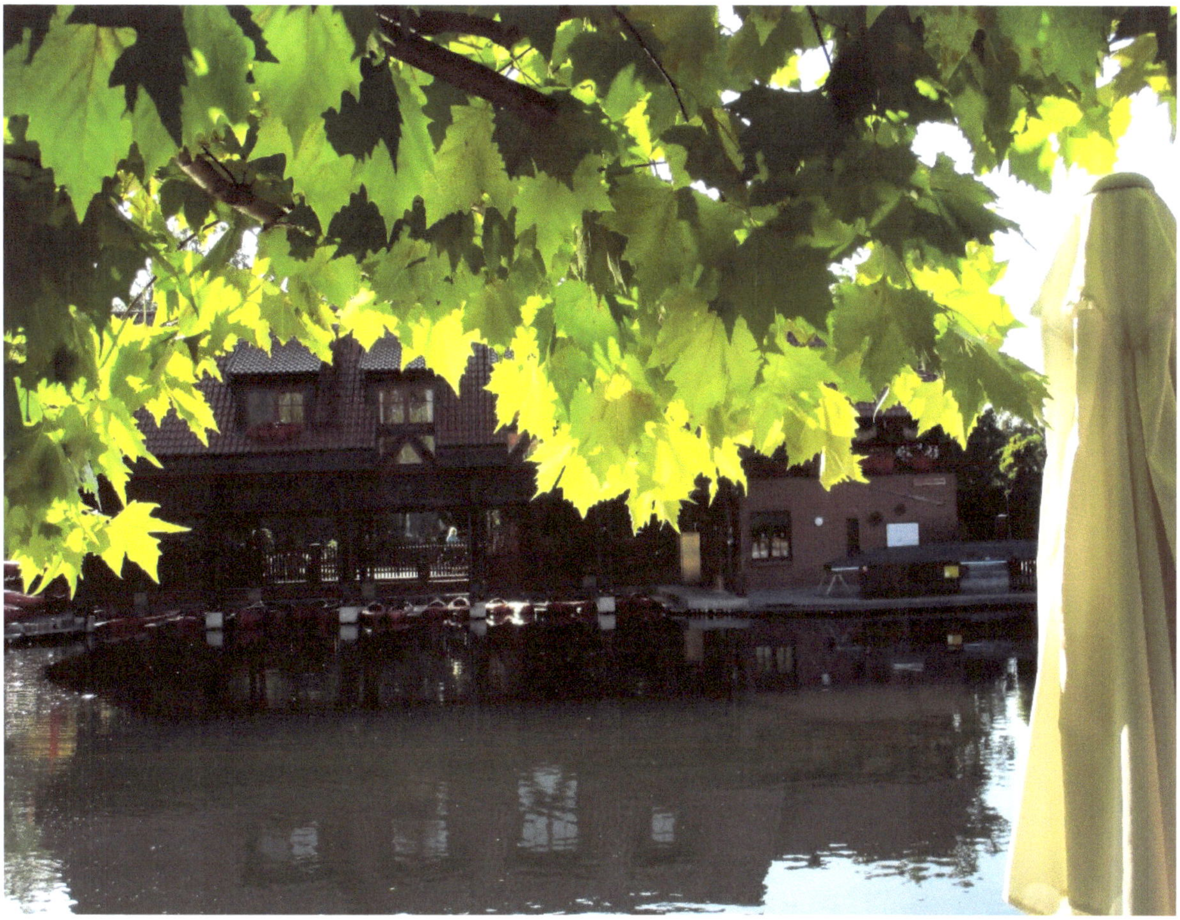

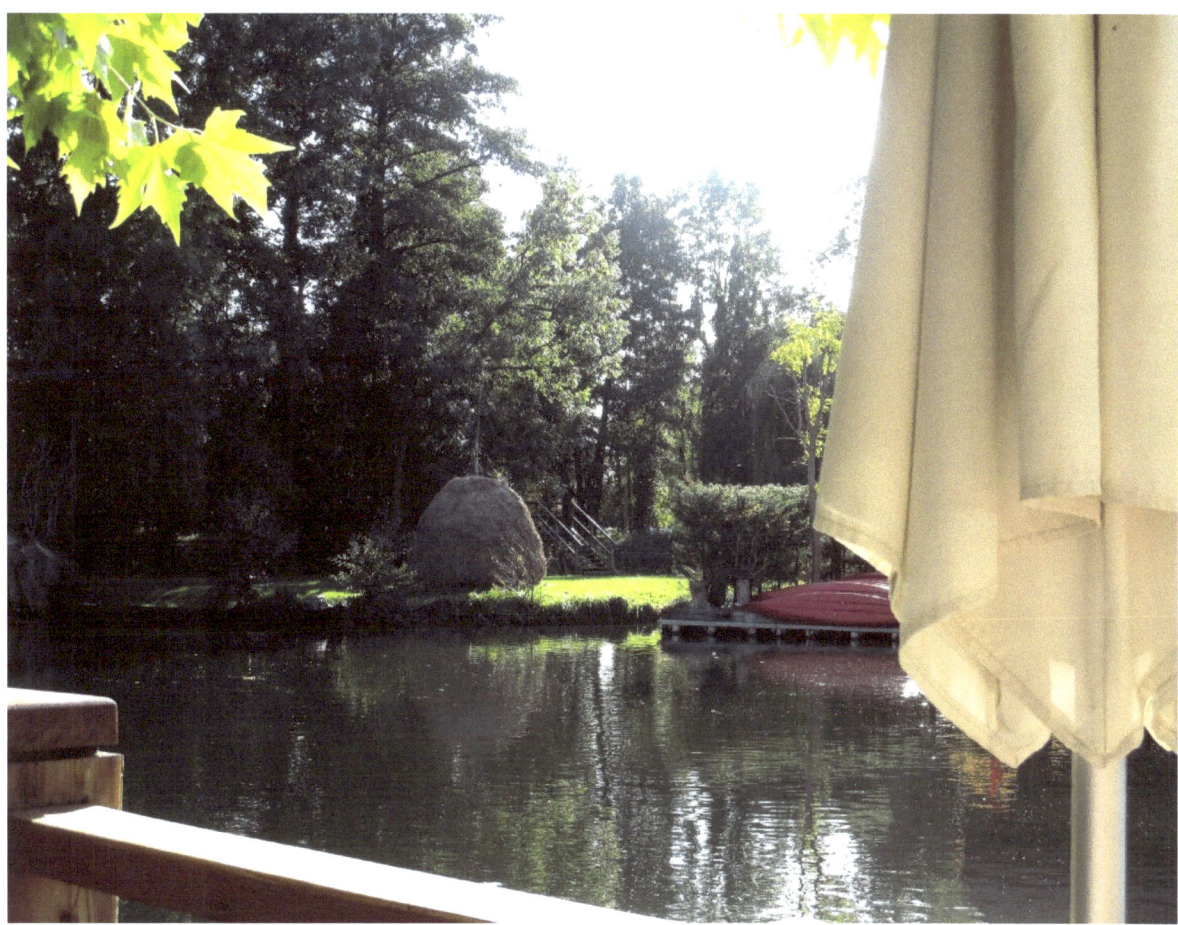

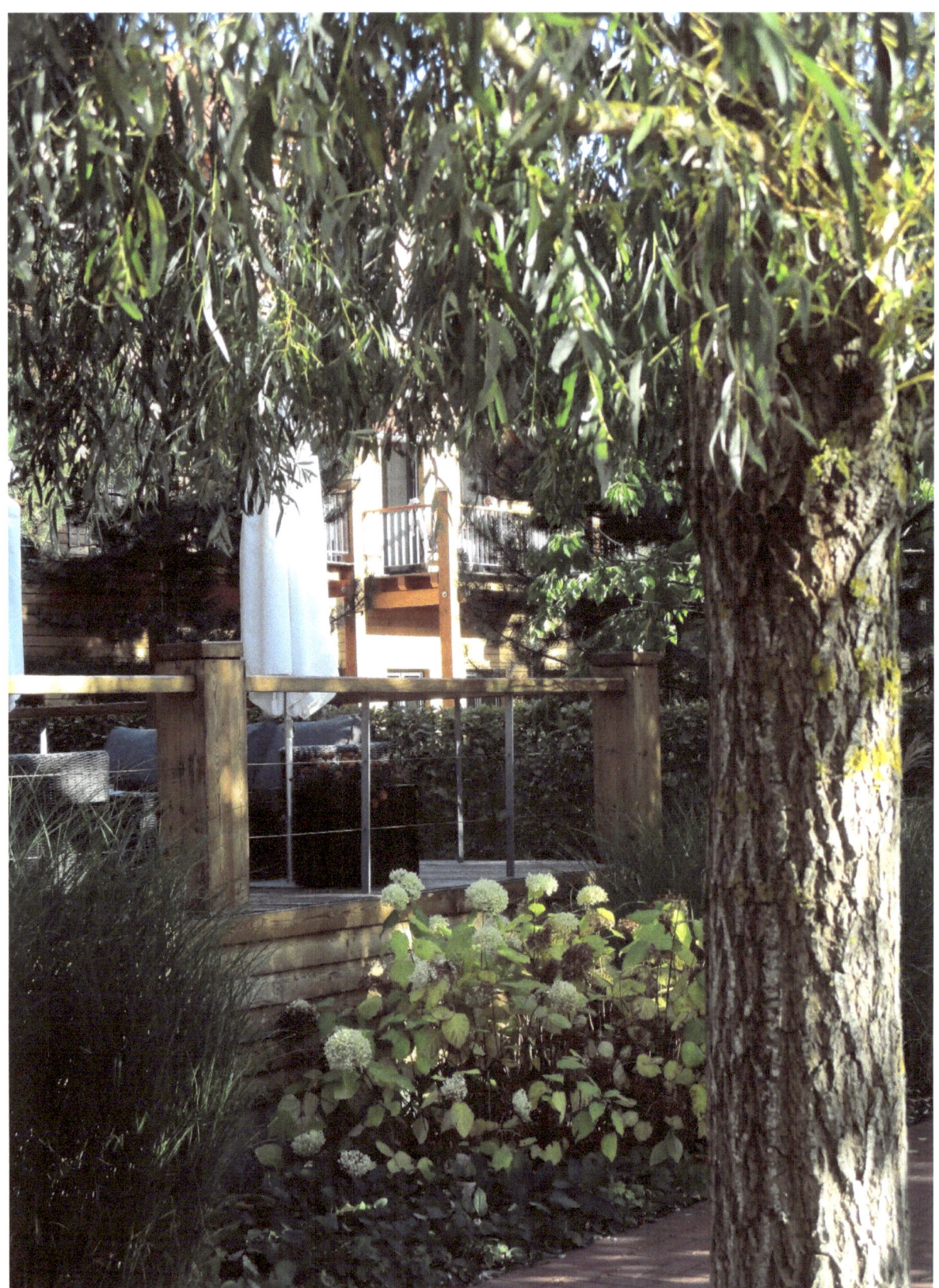

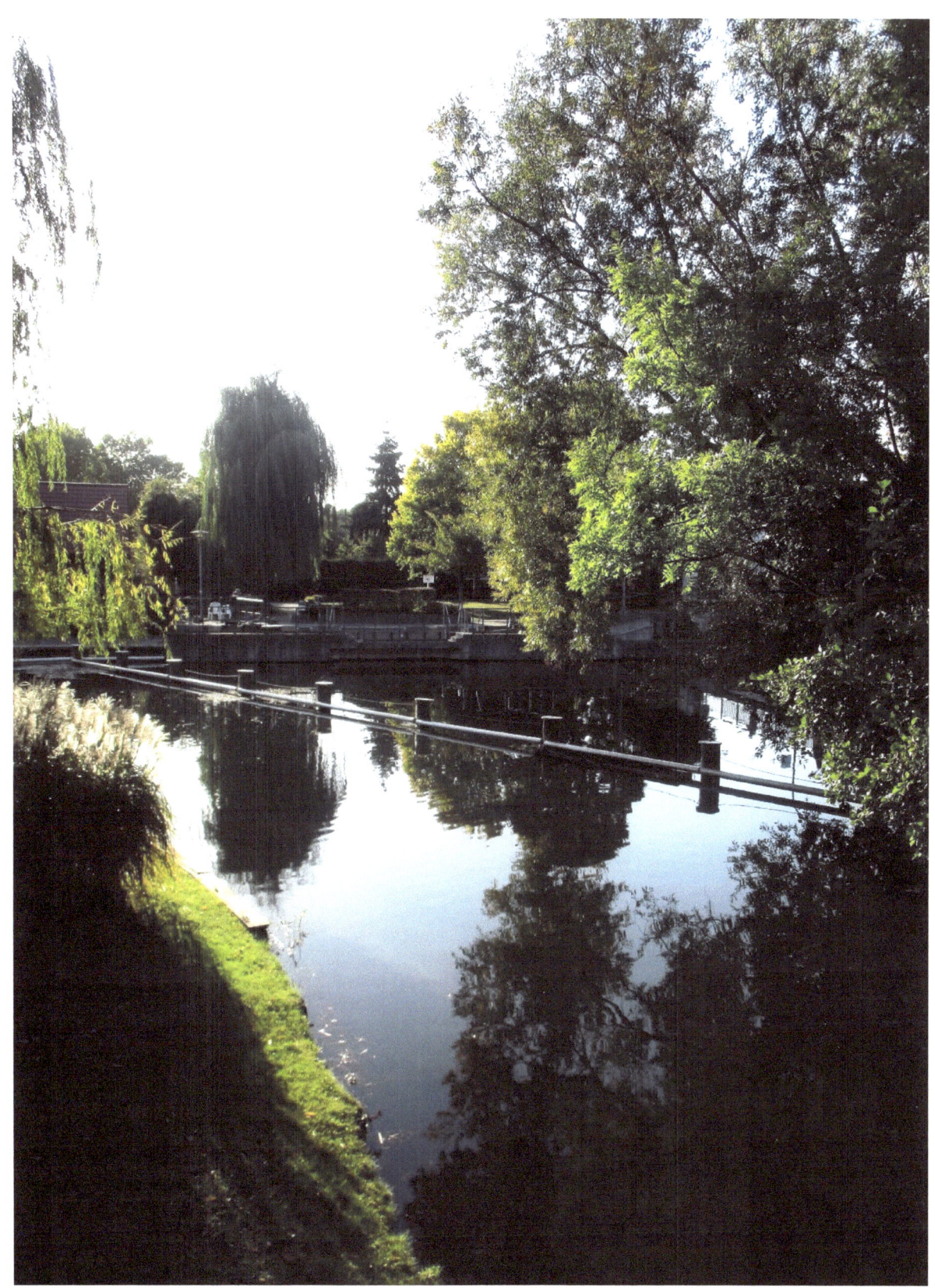

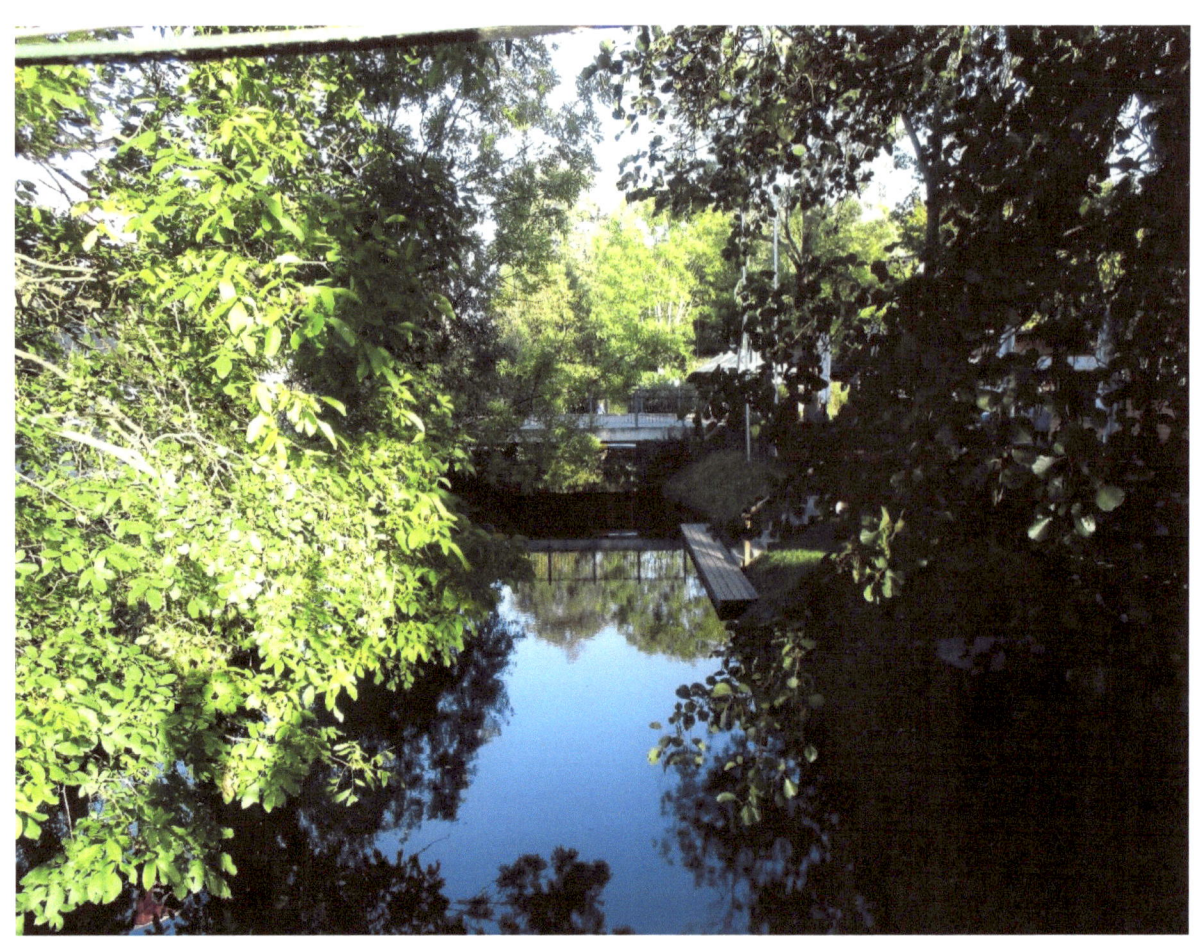
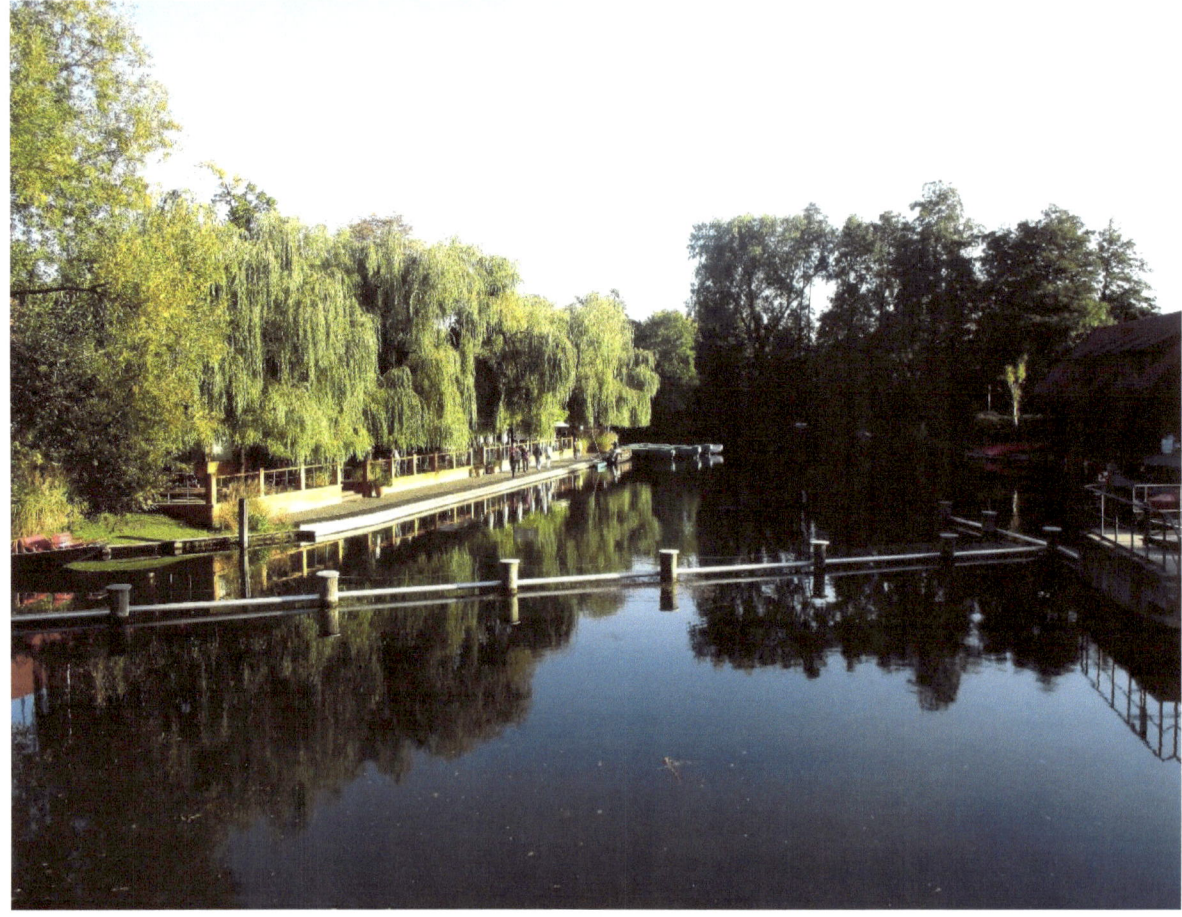

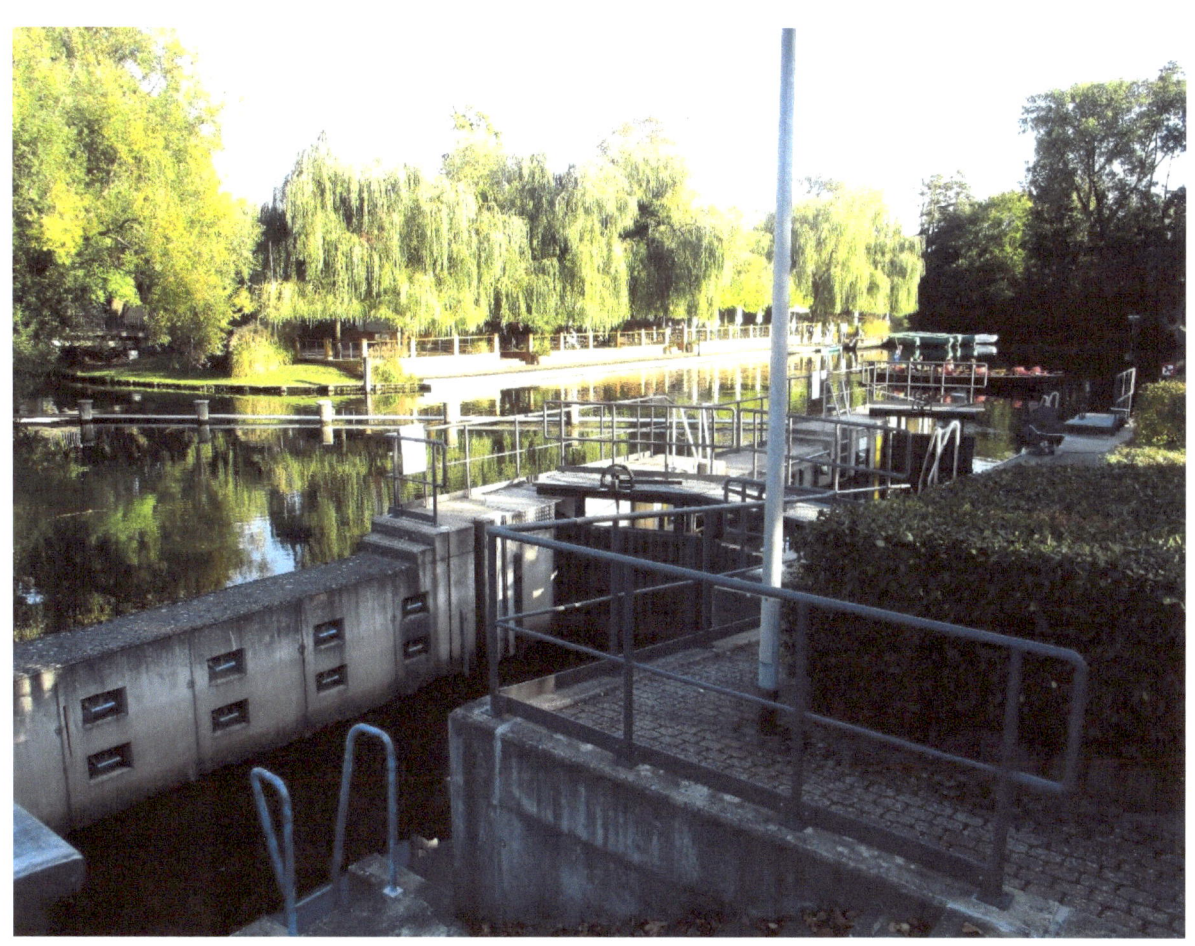
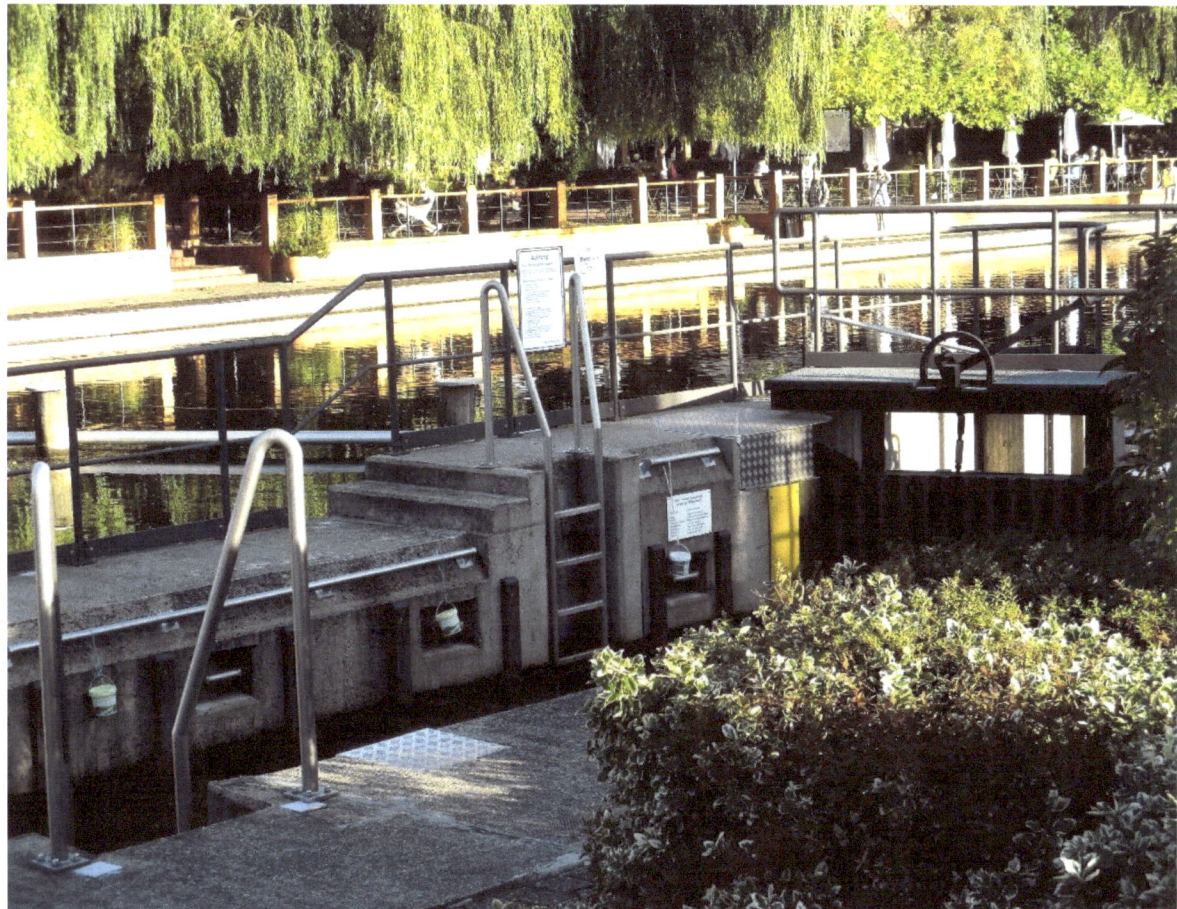

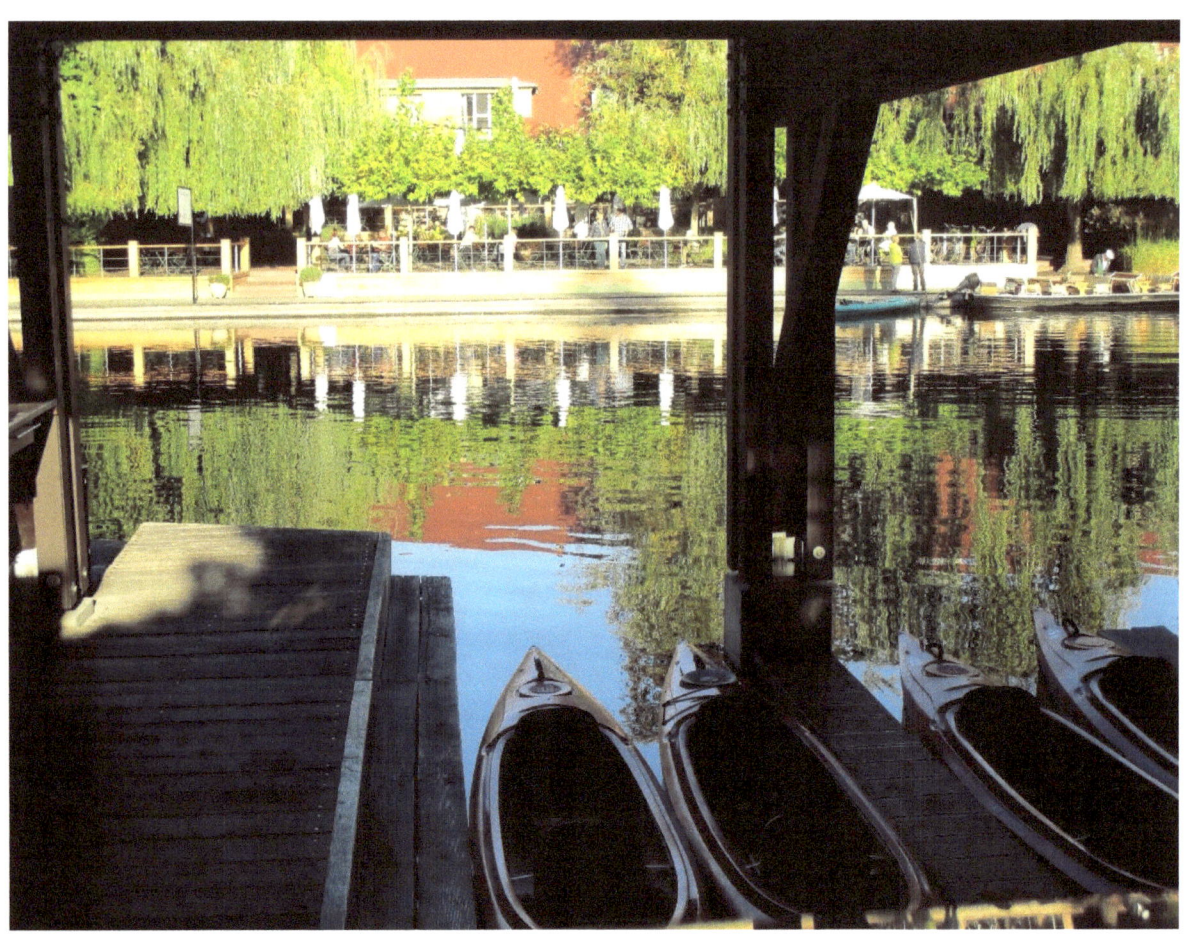
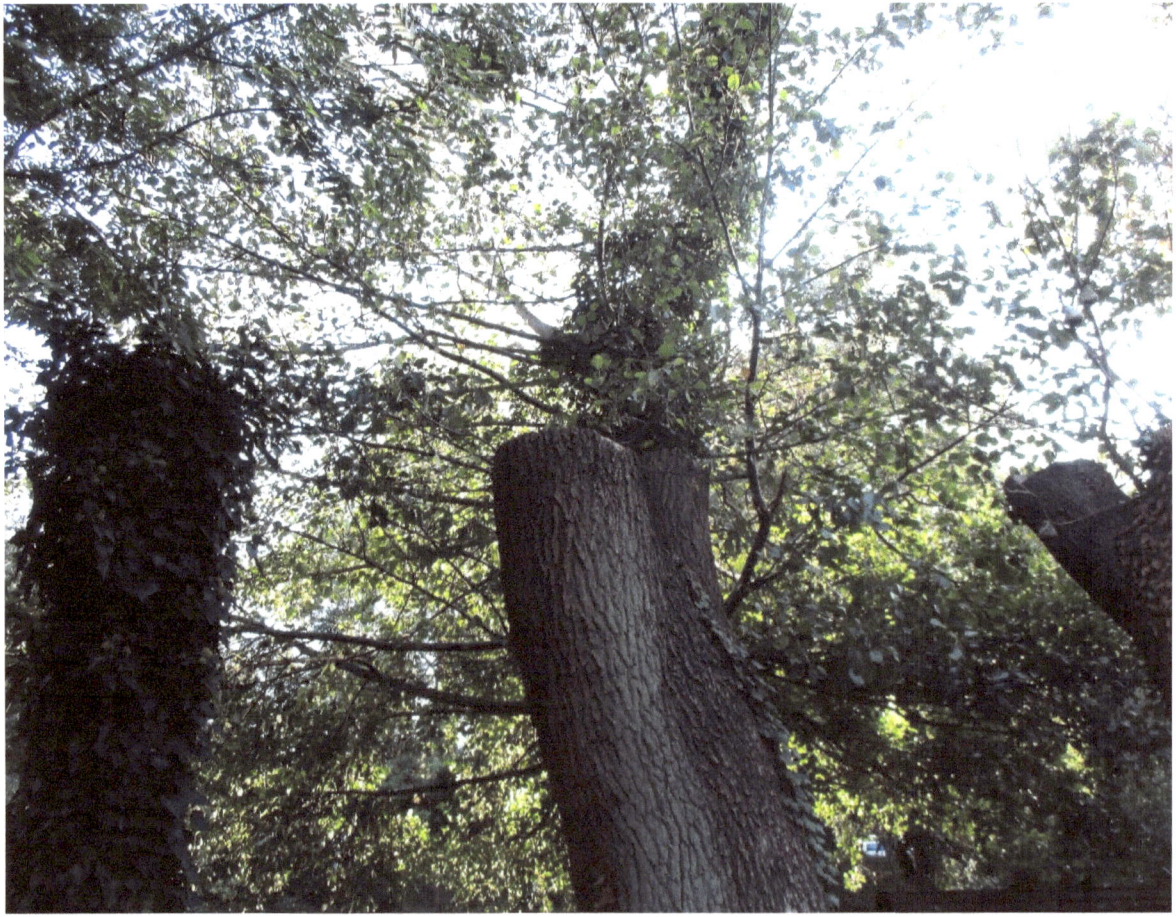

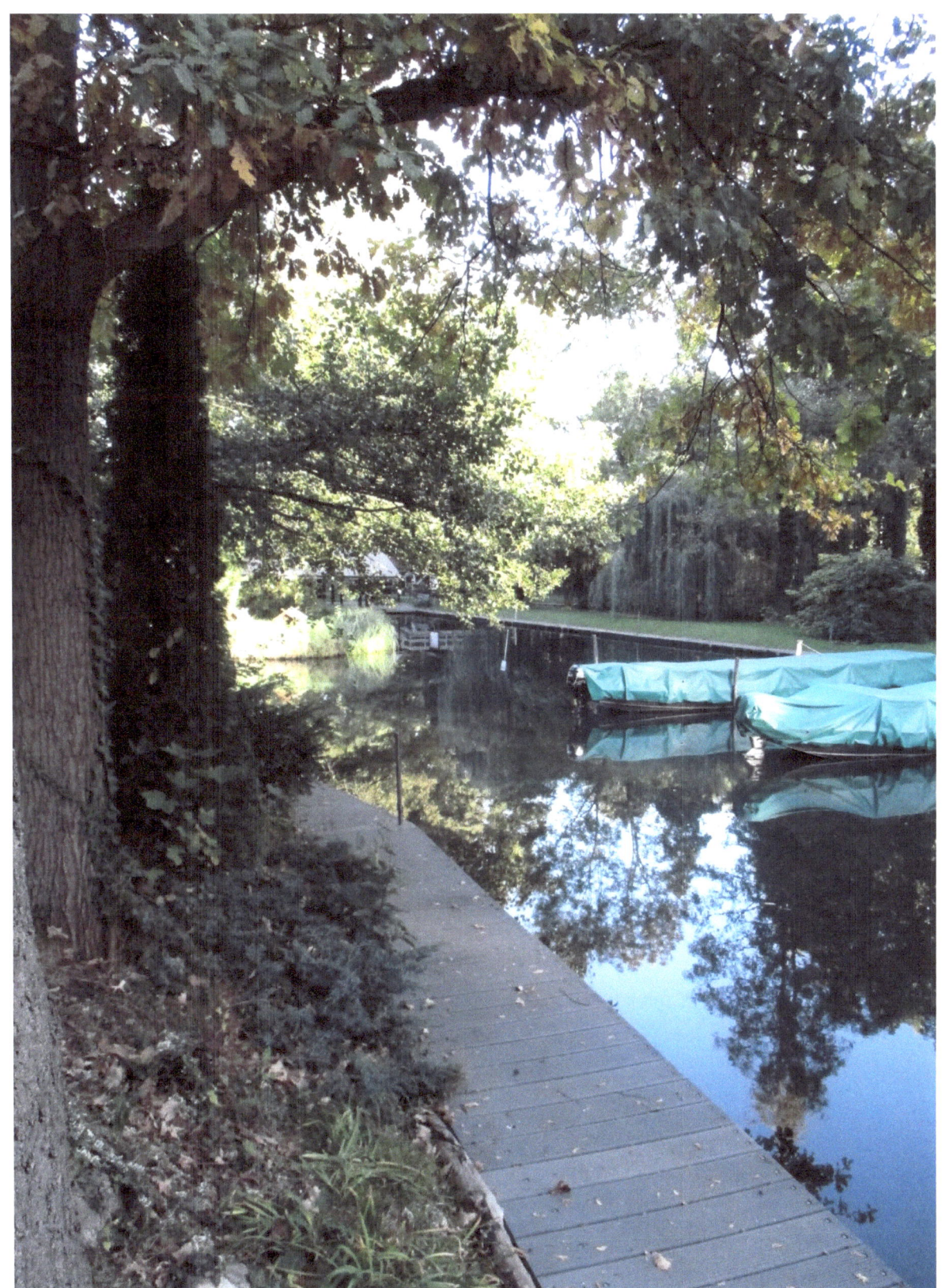

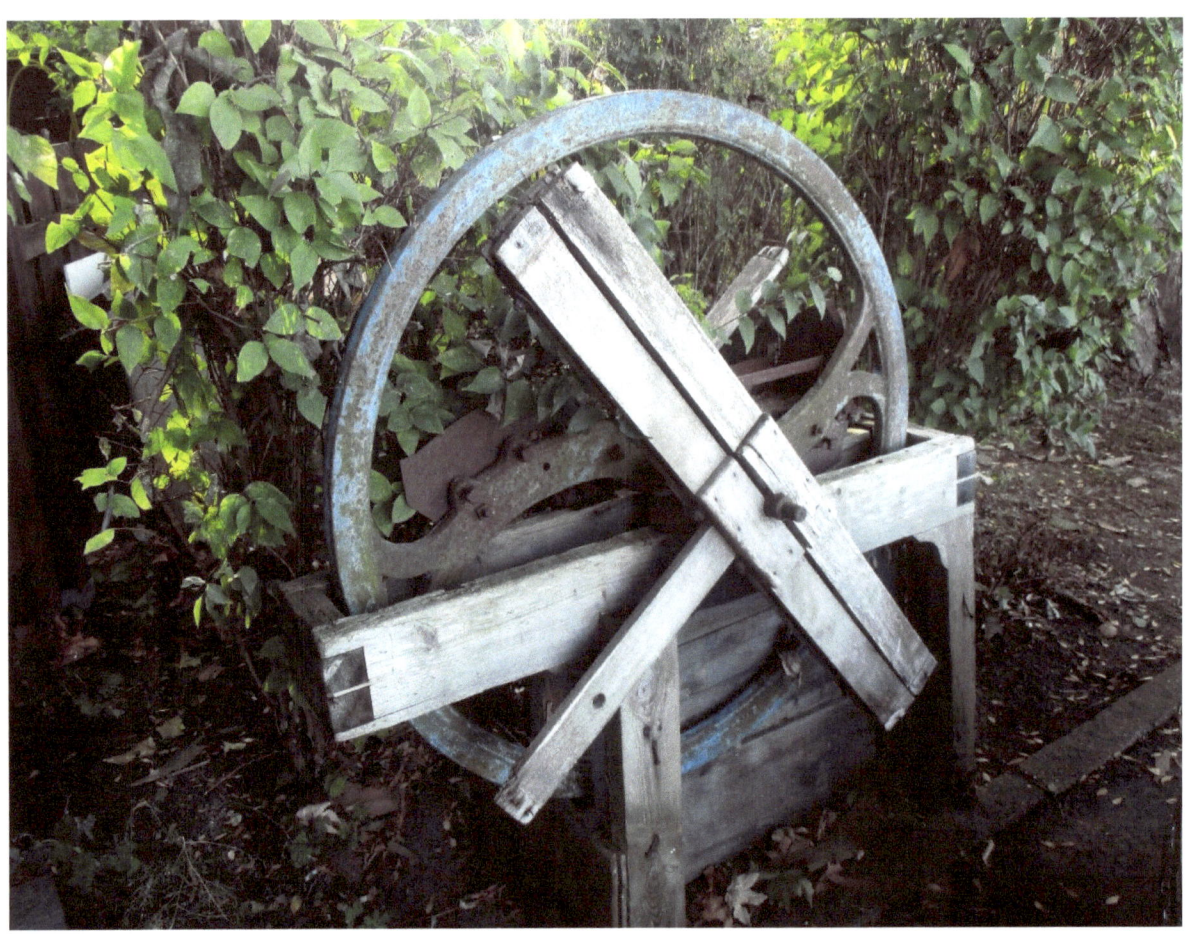

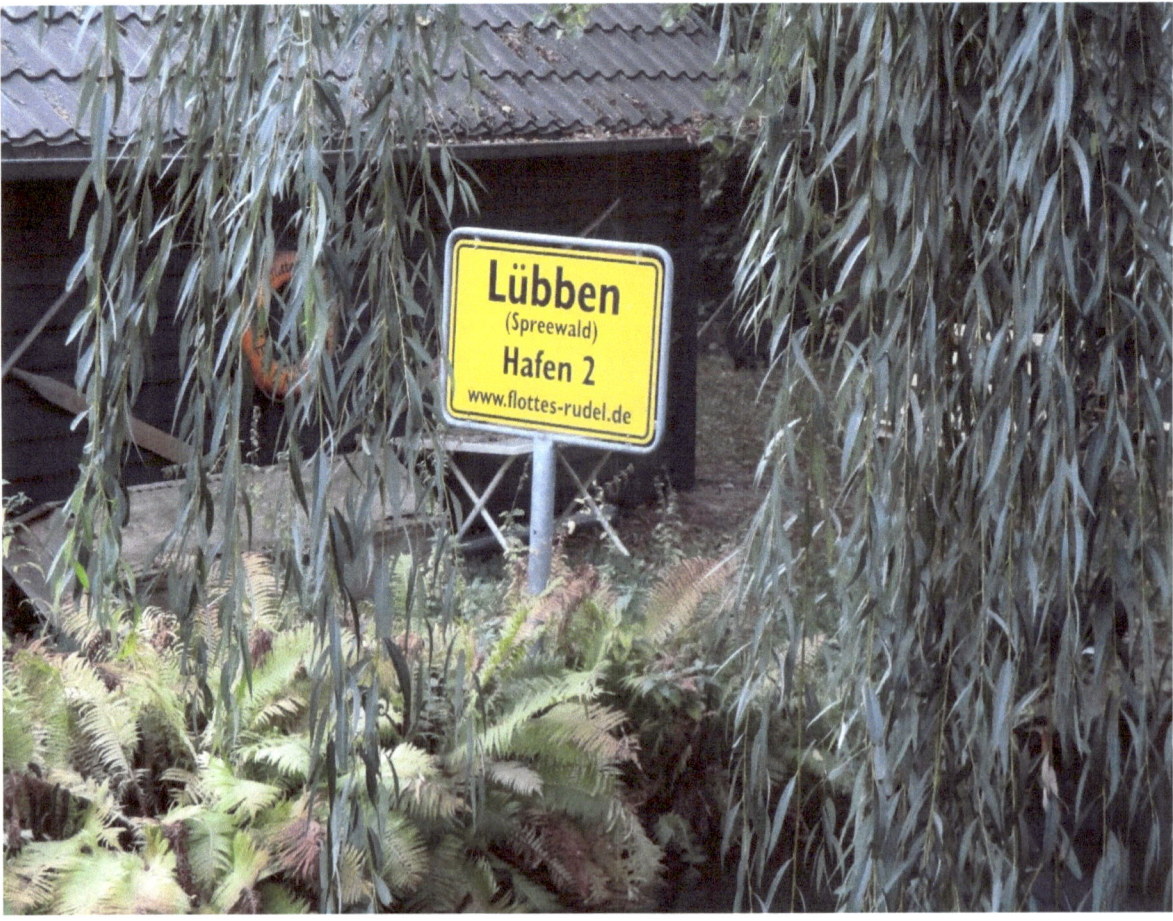